FAHR MIT!

L'ALLEMAND A L'ÉCOLE ÉLÉMENTAIRE

NIVEAU 1

ALPHONSE JENNY
Professeur d'École Normale
Agrégé d'Allemand

BÉATRICE CHABANE-BERNHARD
Institutrice

MARIANNE BROUSSE-MESNARD
Directrice d'école

ANITA MARCHAL-WILLIG
Conseillère pédagogique d'école d'application

Illustrations

Patrick Gobert

Daniel Guerrier - Claudine Legastellois - Daniel Musch

NATHAN

AVANT-PROPOS

„**Fahr mit!**" a été conçu pour l'enseignement précoce de l'allemand. Le **Niveau 1** est destiné plus particulièrement au Cours Moyen 1.

Les objectifs de la méthode sont les suivants :
— éveiller l'intérêt de nos jeunes élèves pour la langue allemande,
— faire connaître certaines particularités des réalités allemandes,
— mettre nos élèves progressivement en mesure de comprendre, puis de parler un allemand simple, dans des situations de communication correspondant au monde de l'enfant,
— offrir des amorces pour le transfert et l'élargissement,
— proposer aux enseignants un outil complet pour un parcours à la fois structuré et plaisant, grâce à une progression souple permettant des entrées multiples ainsi que, le cas échéant, l'exploitation réduite à un corpus minimal; de nombreux jeux linguistiques (livre et cahier d'activités) sont intégrés dans cet ensemble.

Le manuel contient 6 unités, 3 paliers ludiques et révisionnels, un appendice, une carte géographique et un lexique allemand-français. Les 8 pages de chacune des unités illustrent concrètement notre notion de **convergence globale visant à la communication.**

Les auteurs

SCHAU MAL HER!

Un vocabulaire complémentaire simple et illustré, permettant d'enrichir les mini-dialogues. Le texte de ces derniers, en bas de page, peut être occulté facilement pendant les phases d'approche audio-orale.

TOLL, KURZDIALOGE!

Des mini-dialogues dans des situations concrètes, appuyés sur des dessins amusants et des enregistrements de qualité. Entraînement à la compréhension, à la reformulation, enfin à la réalisation de mini-sketchs.

enregistrements

renvoi au cahier d'activités

parcours minimal proposé (couleur rouge)

BILD UND WORT

Une grande illustration qui existe également comme poster. Elle reprend les éléments des deux pages précédentes, tout en préparant au petit sketch de la page de droite. Elle peut également servir de tremplin pour une expression plus libre.

- Un sketch simple et court, non pas centre de l'unité, mais pouvant faire l'objet d'une mise en scène, ou simplement d'un exercice de compréhension et de lecture dramatisée.
- Une chanson ou une poésie, intégrée dans la méthode.
- L'amorce d'un grand jeu de groupes, qui reprend les structures de base et dont le développement se trouve dans le cahier d'activités.

SPAß AM ÜBEN

Des propositions d'activités variées :
- un exercice de compréhension;
- un exercice de prononciation porté par un enregistrement rythmique;
- d'autres exercices, toujours dans la thématique de la situation de communication (transposition, entraînement aux dialogues et aux jeux de rôles, ...), une poésie, une comptine;
- une petite lecture complémentaire, destinée à des élèves plus avancés.

PAß AUF!

Reprise de quelques structures grammaticales, non pas incitation à la « leçon de grammaire », mais simple bilan destiné à la consolidation des acquis.

COMICS

Bande dessinée permettant de rebrasser les acquisitions et d'accéder au transfert et à l'élargissement.

DER ZIRKUS
Willi, der Clown.
Herr Berg, der Dompteur.
Herr Tal, der Direktor.
Frau Berg, die Lehrerin.

SONNENSCHEIN
Sonnenschein
FAHR MIT!
Uwe Berg.
Silke Berg.
Wolfram Berg.

1 HALLO! WER BIST

TOLL! KURZDIALOGE!

DU?

SCHAU MAL HER!

das Kind

das Mädchen

der Junge

Die Kinder spielen Tennis.

die Familie

Ⓐ ○ Hallo! – △ Guten Tag!

Ⓑ ○ Ich bin Thomas. Und du, wer bist du? – △ Ich bin Cony.

Ⓒ ○ Ich heiße Yutta. Und du, wie heißt du? – △ Ich heiße Markus. – ○ Tschüs, Markus!

Ⓓ ○ Bist du Cony? – △ Ja. – ○ Und du, bist du Yutta? – ◇ Nein, ich bin Elke.

Ⓔ ○ Hallo! Bist du ein Mädchen? – △ Ich? Nein! Ich bin ein Junge. Ich heiße Nicki.

Und du, wie heißt du?

BILD UND WORT

ICH HEISSE SILKE

Sonnenschein :	– Hallo!
Uwe :	– Hallo! Wer bist du?
Sonnenschein :	– Und du?
Uwe :	– Ich bin Uwe.
Sonnenschein :	– Und du, wie heißt du?
Silke :	– Ich heiße Silke. Und das ist Wolfram.
Wolfram :	– Und du, wer bist du?
Sonnenschein :	– Ich bin Sonnenschein!
Uwe, Silke, Wolf. :	– Oh! Sonnenschein!
Silke :	– Also darum, „Zirkus Sonnenschein“!

Eins, zwei, drei...

Eins zwei drei,

Mutter kocht ein Ei

Vater baut ein Haus,

und du gehst raus!

Wir spielen

Jetzt spielen wir!

Spaß am Üben

1 *Wir lesen*

Tag – Guten Tag! – Hallo!
ich bin – ich heiße – ich heiße °Wolfram
Wer bist du? – Sonnenschein
darum – also darum – Zirkus – der Zirkus

2 *Dialog*

○ – Wer bist du?
– Wie heißt du?

△ – Ich bin Tina. Und du?
– Ich heiße Tina. Und du?

Guten Tag!

Guten Tag, guten Tag, Frau Berg und Frau Beint!
Guten Tag, guten Tag, die Sonne, Sonne scheint.

Guten Tag, guten Tag!
Yupi yeh yupi yeh (bis)

A.J.

3 Wir bilden einen Satz

Beispiel : Wie heißt du?

4 Wer ist das?

a) ○ Ist das Daniela? △ Nein, das ist Silke.
b) ○ Ist das Thomas? △ Nein, . . .
c) ○ Ist das der Dompteur? △ . . .
d) ... Peter? – *e*) ... Doris? – *f*) ... Uwe?

Der Zirkus kommt

Der Zirkus kommt aus fernem Land
Drei Löwen, drei Giraffen,
Für mich ein weißer Elefant
Für dich zwei kleine Affen.

Bernd Legeis

5 Wir lesen

Hurra, der  kommt! Die  scheint. Da ist die  Berg: der  ist Dompteur, die  ist Lehrerin. Das  heißt Silke und der kleine  heißt Wolfram.

Ein weißer  baut ein . Zwei kleine  kochen ein . Das  ist für die . Das  ist für .

6 Am Telefon

○ Hallo! Petra?
△ Nein, ich bin Nicki.
○ Nicki? Bist du ein Junge?
△ Ja, ich bin ein Junge. Und du, wer bist du?
○ Ich bin Sven.
○ Ist Petra da?
△ Nein.
○ Schade! Tschüs, Nicki!
△ Tschüs, Sven!

Berg, der Dompteur

Alex : – Guten Tag. Berg.
Direktor : – Wie bitte? Berg?
Alex : – Ja. Ich heiße Berg. Alex Berg.
Direktor : – Ach ja, Berg, der Dompteur!
Karin : – Und ich bin Karin.
Karin Berg.
Direktor : – Ach ja, die Lehrerin!
Und ich heiße Tal.
Karin : – Tal? Oh, schön! Kein Berg ohne Tal!

2 CONY WOHNT IN

TOLL! KURZDIALOGE!

BERLIN

SCHAU MAL HER!

das Haus

das Hochhaus

der Zirkus

der Wohnwagen

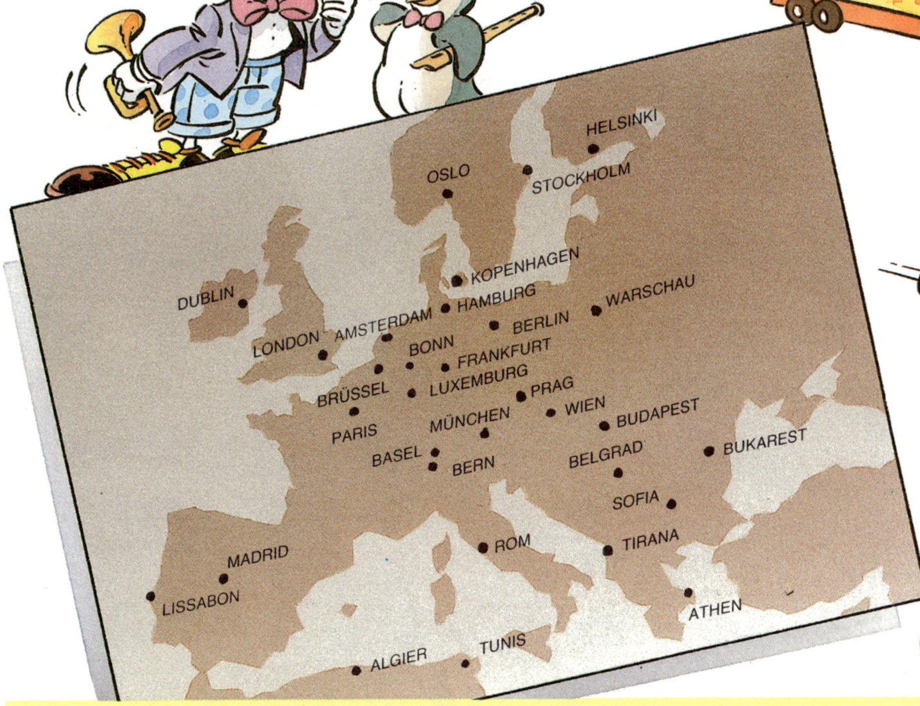

das Auto

(A) ○ Ich wohne hier. – △ Oh schön!
(B) ○ Wo wohnst du? – △ Ich wohne in Berlin.
(C) ○ Wohnst du hier? – △ Ja, ich wohne hier. – ◇ Und ich wohne dort.
(D) ○ Ich wohne in Hamburg. Und du? – △ Ich auch.
(E) ○ Wo wohnst du, Willi? – △ Ich wohne im Wohnwagen dort.
○ Hast du ein Auto? – △ Ja, natürlich!

Wohnst du hier?

BILD UND WORT

HEUTE IN HAMBURG...

Silke : – Wohnst du hier, Sonnenschein?
Sonnenschein : – Ja, hier im Zirkus. Und du, Silke?
Silke : – Ich wohne im Wohnwagen dort.
Wolfram : – Oh! Da kommt Willi, der Clown!
Willi : – Hallo, Kinder!
Uwe : – Guten Tag! Wo wohnst du, Willi?
Willi : – Ich? Heute in Hamburg, morgen in Berlin...

Das Lied vom „Zirkus Sonnenschein“

Heute in Hamburg, morgen in Berlin,
Schön ist's im Zirkus für Groß unf für Klein;
Da ist ein Tiger, dort ein Pinguin
Komm in den Zirkus, den „Zirkus Sonnenschein“.

A.J.

Die Sonnis gegen die Mondis!

○ Wo wohnt Markus?
○ Wer wohnt in Paris?

△ Markus wohnt in Berlin.
△ Nathalie wohnt in Paris.

Jetzt spielen wir!

Spaß am Üben

1 Wir sprechen nach

– 'wohne – 'Wohnwagen – 'Zirkus – 'Hamburg
– 'Haus – 'Hochhaus – 'Auto – Ber'lin – na'türlich
– Ich 'wohne in °Hamburg. – 'Wohnst du in Ber°lin?

2 Wir lesen und ergänzen

Der Clown heißt . . . .
Die Kinder wohnen . . . .
Sonnenschein . . . im Zirkus.
Willi wohnt . . . im Zirkus.

Kommst du essen?

Kommst du essen?
Wo?
In meinem Haus.
Kommst du spielen?
Wo?
In meinem Haus.
Kommst du singen?
Wo?
In meinem Haus.
Kommst du träumen?
Wo?
In unsrem Haus.

Bea Bernhard

③ *Ach ja, in Hamburg!...*

○ Wo wohnt Silke?
○ Wer wohnt in Hamburg?

△ Silke wohnt in °Hamburg.
△ °Silke wohnt in Hamburg.

Eins, zwei, Polizei...

eins, zwei, Polizei
drei, vier, Offizier
fünf, sechs, alte Hex'
sieben, acht, gute Nacht
neun, zehn, auf Wiedersehen!
elf, zwölf, es kommen die Wölf'
hu... hu... hu...

④ *Wir lesen und ergänzen*

D… Zirkus ist in Hamburg.
D… Krokodil heißt Emil.
D… Vater ist Dompteur.
D… Gitarre ist für Uwe.
D… Mutter ist Lehrerin.
D… Mädchen heißt Silke.
D… Haus ist schön.
D… Junge wohnt in Berlin.
D… Familie wohnt im Wohnwagen.
D… Clown heißt Willi.

⑤ *Wir zählen*

Oma wohnt in Heidelberg

Sonnenschein : – Wer ist denn das?
Silke : – Das ist Oma.
Sonnenschein : – Wo wohnt sie?
Silke : – Oma wohnt in Heidelberg.
Sonnenschein : – Hat sie ein Haus dort?
Silke : – Nein, eine Wohnung.
Sonnenschein : – Eine Wohnung in Heidelberg!
Sie wohnt also nicht im Zirkus?
Silke : – O nein, der Zirkus ist nichts für Oma!

paß auf!

der / ein } Vater	der / ein } Junge	der / ein } Wohnwagen
die / eine } Mutter	die / eine } Familie	die / eine } Giraffe
das / ein } Mädchen	das / ein } Auto	das / ein } Krokodil

der (ein) **die (eine)** **das (ein)**

KOMM, WIR SPIELEN!

Wer ist das?

Und das?

Wo wohnt er?

Wer ist heute im Zirkus?

Was sagt denn der Löwe? (« hallo » muß weg)

Wir singen

Quartettspiel Nr. 1.

○ Hast du **das Hochhaus**?
○ Hast du **die Sonne**?

△ Ja, hier.
△ Nein.

○ Danke schön!
○ Schade!

A	B	C	D
das Hochhaus	das Ei	das Lama	das Mädchen
das Haus	die Sonne	das Krokodil	die Mutter
das Auto	das Lied	das Zebra	die Kinder
die Wohnung	das Foto	die Giraffe	die Oma

○ Hurra, ich habe gewonnen! △ Und ich habe verloren...

Wo sind die sieben Fehler?

3 SO BUNT WIE DER

TOLL! KURZDIALOGE!

ZIRKUS!

SCHAU MAL HER!

Das Krokodil ist grün.

Die Kirsche ist rot.

Das Meer ist blau.

Die Banane ist gelb.

Der Pinguin ist schwarz und weiß.

Der Pullover ist bunt.

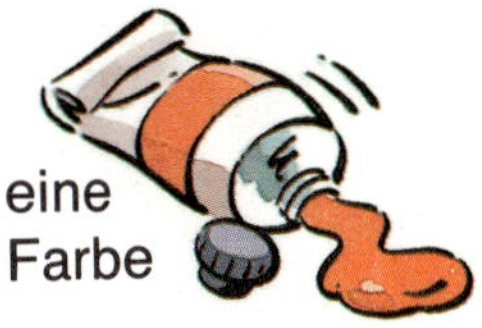

Die rote Farbe

der Farbstift

der Malkasten

die Farben

der Pinsel

das Wasser

Ⓐ ○ Cony! Thomas! – △ Ich male, Mutti. – ◇ Ja, wir malen!
Ⓑ ○ Was malst du? – △ Ich male ein Krokodil.
Ⓒ ○ Ich brauche Farben!... – △ Farben? Na, hier hast du Farben.
Ⓓ ○ Bitte, male eine Rose! – △ Nein, ich male keine Rose. Ich male, was ich will.
Ⓔ ○ Wohin geht Yutta? – △ Sie geht in die Schule.

Heute malen wir!

BILD UND WORT

WIR BRAUCHEN FARBEN!

Frau Berg : – Kinder, heute malen wir!
Slavko : – Frau Berg, wir brauchen Farben!
Frau Berg : – Aber Slavko, wir haben ja Farben!
Zouma : – Was malen wir, Frau Berg?
Frau Berg : – Jeder malt, was er will.
Silke : – Ich male ein Krokodil; das ist grün.
Claire : – Ich male eine Rose; die ist rot.
Peter : – Und ich male eine Banane; die ist gelb!
Wolfram : – Gelb? O ja! Gelb wie Sonnenschein!

Barbara

Blau sind deine Augen, blau dein Schirm sogar,
Und das find' ich hübsch, das find' ich wunderbar!

Barbara, du bist so nett,
Barbara, du bist so toll!
Für dich spiel' ich Klarinett'
Und tanze Rock'n roll.

A.J.

Die Sonnis gegen die Mondis!

○ Wie ist der Kuli? △ Der Kuli ist blau.
○ Ist der Kuli gelb? △ Nein. Der Kuli ist blau.

Jetzt spielen wir!

Spaß am Üben

(1) *Wir sprechen nach*

1. 'malen – 'Rose – 'jeder
   'Farben – 'Kinder – 'brauchen
   'heute – 'Sonnenschein – Ba'nane – Kroko'dil

2. 'Heute °malen wir.
   Ich 'male eine °Rose.

(2) *Wir lesen und ergänzen*

rot – gelb – Krokodil – malen – brauchen

Wir ... eine Rose und eine Banane.
Die Banane ist ... und die Rose ist ... .
Das ... ist grün.
Wir ... Farben.

Mein Haus

Weiße Fenster, braunes Dach,
Rosarote Gardinen.
Gelb die Rosen, blau der Bach,
Im Garten summen die Bienen.
Mein Haus ist schön, gefällt mir sehr...
Wann kommst du zu mir?

Bernd Legeis

③ *Also, eine Gitarre?*

○ Und du, Markus, was möchtest du? Eine Flöte oder eine Gitarre?

△ Eine Flöte habe ich schon.

○ Also, eine Gitarre?

△ Ja, ich möchte eine Gitarre.

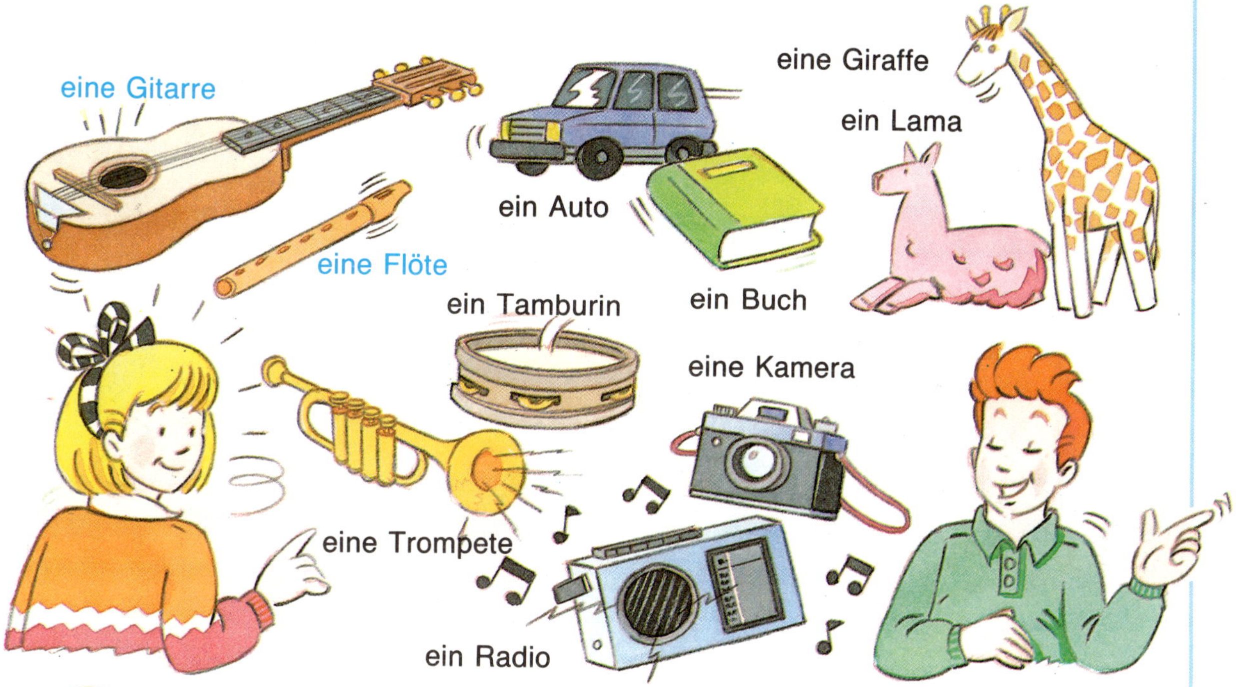

④ *Nein, keine Rose!*

○ Bitte, male eine Rose!

△ Nein, ich male keine Rose! Ich male, was ich will!

5 *Wir zählen*

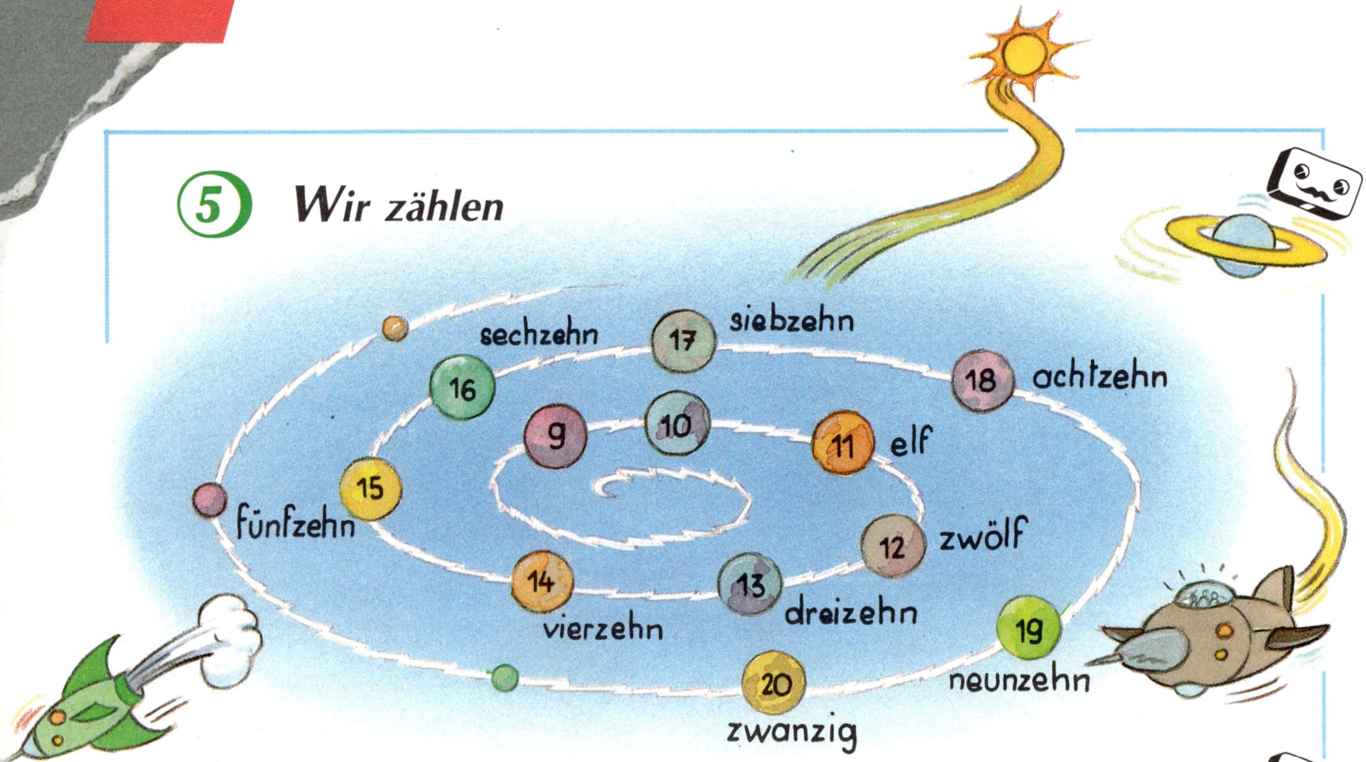

Erst weiß...

Erst weiß wie Schnee
Dann grün wie Klee
Dann rot wie Blut
Schmeckt allen Kindern gut!

Aber Markus! Die Banane ist doch gelb!

Frau Berg : – So Kinder. Hier sind Farben.
Markus, welche Farbe möchtest du?
Markus : – Ich möchte rot. Rot für die Banane.
Frau Berg : – Aber Markus! Die Banane ist doch gelb!
Markus : – Gut! Ich möchte gelb. Gelb für die Tomate.
Frau Berg : – Aber Markus! Die Tomate ist doch rot!
Markus : – Gut! Ich möchte rot. Rot für das Krokodil.
Frau Berg : – Aber Markus! Das Krokodil ist doch grün!
Markus : – Gut! Ich möchte grün. Grün für die Kirsche.
Frau Berg : – Aber Markus! Die Kirsche ist doch rot!
Markus : – Gut! Ich möchte rot. Rot für die Banane...

paß auf!

1.

ich mal**e**	ich wohn**e**	ich hab**e**
du mal**st**	du wohn**st**	du has**t**
er (sie, es) mal**t**	er (sie, es) wohn**t**	er (sie, es) ha**t**
wir mal**en**	wir wohn**en**	wir hab**en**

2.

der Pinsel	die Farbe	das Foto
ein Pinsel	eine Farbe	ein Foto
kein Pinsel	keine Farbe	kein Foto

3.

Wir	malen	heute.	Willi	wohnt	im Zirkus.
Heute	malen	wir.	Im Zirkus	spielen	drei Affen.
Da	kommt	Willi.	Wo	wohnt	Silke?

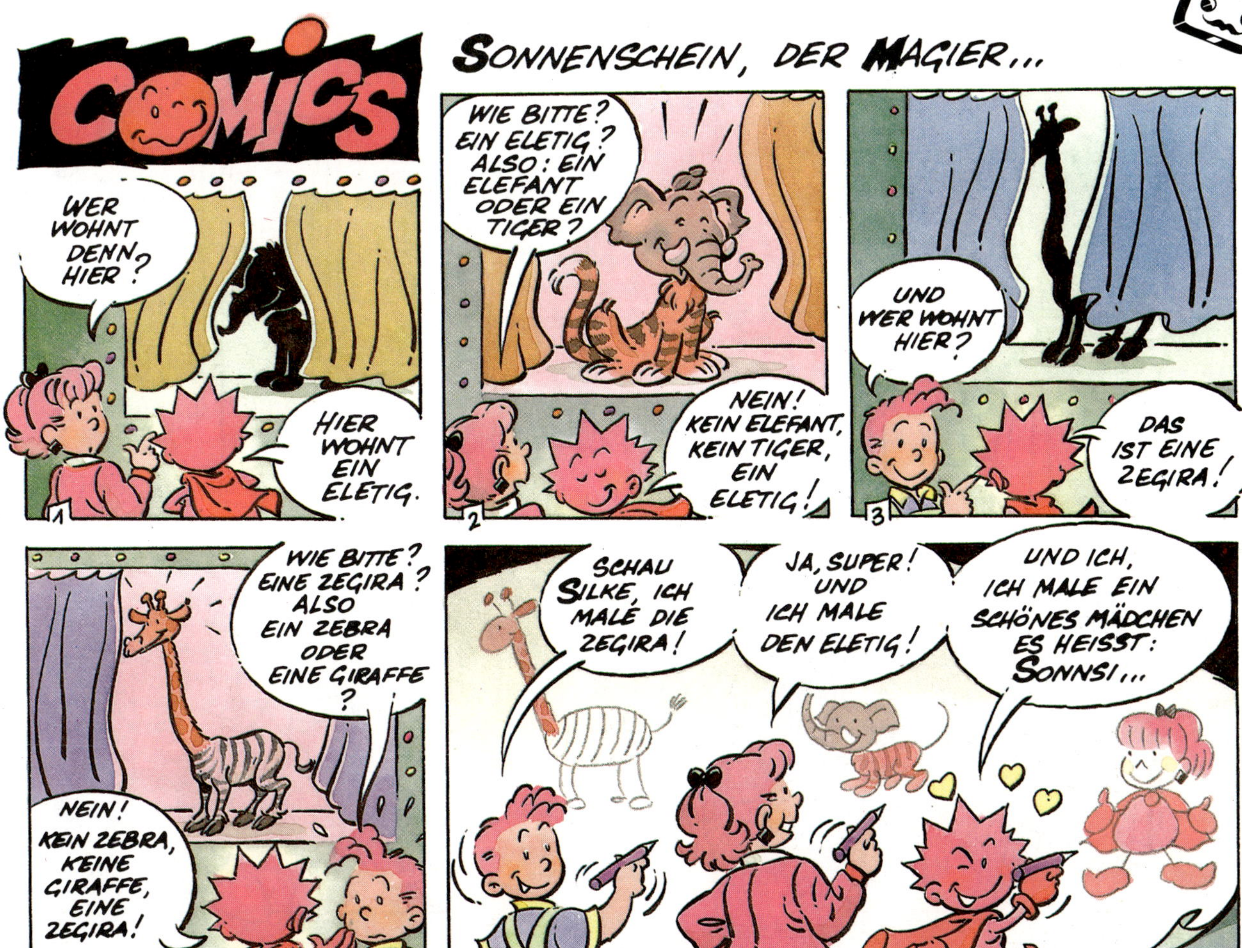

4 SUPPE SCHMECKT

TOLL! KURZDIALOGE!

MIR NICHT!

SCHAU MAL HER!

das Brot

das Stück Brot

der Kuchen

die Schnitte

der Apfelsaft der Orangensaft

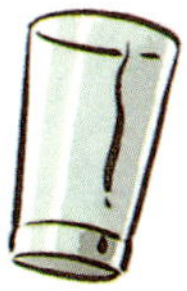
das Glas

die Tasse

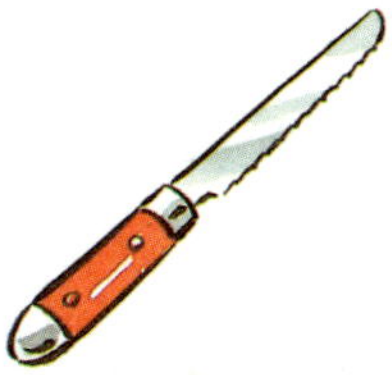
das Messer

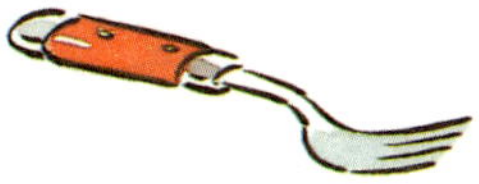
die Gabel

der Löffel

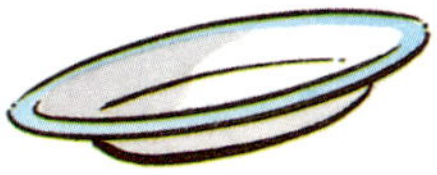
der Teller

(A) ○ Mutti, ich habe Hunger! – △ Hier hast du Brot mit Schokolade. – ○ O Danke!

(B) ○ Und du, Cony, was möchtest du? – △ Kuchen, bitte. Ein Stück Kuchen.

(C) ○ Was willst du essen, Mutti? – △ Eine Schnitte, bitte. Danke, Thomas!

(D) ○ Vati, ich habe Durst. – △ Möchtest du Cola oder Limo? –
○ Ein Glas Cola. – Danke, Vati!

(E) ○ Ich trinke gern Limo. Mmm!... Und du? – △ Ich trinke gern Cola.

Hunger oder Durst?

BILD UND WORT

BROT MIT SCHOKOLADE, BITTE!

Silke : – Mutti, ich habe Hunger!
Frau Berg : – Was möchtest du, Apfelsaft oder Orangensaft?
Silke : – Nein, ich habe Hunger. Ich möchte Brot mit Schokolade. Bitte!
Frau Berg : – Schokolade? Ach so, eine Tasse Kakao.
Silke : – Nein, nein, Mutti! Nicht trinken, essen möchte ich!
Frau Berg : – Gut, hier hast du ein Stück Brot mit Schokolade.
Silke : – Danke Mutti... Mutti, bring auch den Apfelsaft!
Frau Berg : – Was, den Apfelsaft?
Silke : – Ja, ich ... ich habe auch Durst! ...

Pommes mit Pudding

Am Sonntag, am Sonntag,
Da koch' ich, was ich will.
Am Sonntag, am Sonntag
Gibt's Pommes mit Pudding!

A.J.

Die Sonnis gegen die Mondis

○ Was ißt Peter gern?
○ Was trinkt Claudia gern?

△ Peter ißt gern Suppe.
△ Claudia trinkt gern Kaffee.

Jetzt spielen wir!

Spaß am Üben

1 *Wir sprechen nach*

1. Brot – Stück – 'bitte – 'Tasse – 'essen – 'Hunger – Durst
   'trinken – 'Apfelsaft – O'rangensaft – Schoko'lade

2. Ich 'habe °Hunger. Ich 'möchte °Brot.
   Ich 'möchte ein Stück °Brot.

2 *Wir lesen und ergänzen*

trinken – mit – Brot – essen – Hunger – Danke – hast

1. Ich möchte ein Stück . . . , ich habe . . . .
2. Was willst du . . . , Kakao oder Orangensaft?
3. Was möchtest du . . . , Brot oder Kuchen?
4. Hier . . . du Brot . . . Schokolade.
5. . . . , Mutti!

Marmelade, Schokolade

Marmelade, Schokolade
Wünsch' ich mir, wünsch' ich mir.
Frisches Brot, feinen Kuchen,
Alles gibt es hier!

Marmelade, Schokolade,
Kinder, kommt zu mir!
Feinen Kuchen, Apfelstrudel
Gibt es nur bei mir!

Bea Bernhard

③ *Was für ein Menü!*

○ – Mutti, was gibt's heute?
△ – Heute gibt es Pommes mit Vanillecreme!

Paul, Pauline...

Paul, Pauline
Apfelsine
Apfelkuchen :
Du mußt suchen!

④ *Was ißt du gern?*

○ Ißt du gern Fisch?
△ Nein, ich esse nicht gern Fisch. Aber ich esse gern Pommes.

5 *Das alles für mich!...*

○ Vati, ich habe Durst. [Hunger]
△ Was möchtest du? Cola oder Apfelsaft? [...]
○ Ein Glas Cola, bitte. [...]

Der Schokokuchen ist weg!

Herr und Frau Duval kommen heute zu Familie Berg. Herr Jean-Pierre Duval ist Saxophonist im Zirkusorchester. Er ist Franzose. Seine Frau, Liselotte Duval, ist Deutsche. Sie ist Trapezkünstlerin. Sie haben eine Tochter : Claire Duval, neun Jahre alt.

Frau Duval : – Schön! Kein Zirkus heute, kein Saxo, kein Trapez...
Herr Duval : – Aber ein feines Essen!
Frau Berg : – Noch ein Stück Braten, Jean-Pierre?
Herr Duval : – Nein, danke Karin, ein paar Knödel, bitte.
Frau Berg : – Und du, Liselotte?
Frau Duval : – Danke, ich bin satt.
Herr Berg : – Und du, Claire, möchtest du was trinken?
Claire : – Ja, gern. Ein Glas Wasser, bitte.
Silke : – Mutti, der Schokokuchen ist weg!
Frau Berg : – Was, mein Kuchen ist weg?
Herr Berg : – Ach! Das war Oskar, der kleine Affe!
Frau Berg : – Kein Zirkus heute? O doch, was für ein Zirkus hier!

paß auf!

1. Ich trinke Apfelsaft.
   Du trinkst Apfelsaft.
   Er/Sie/Es trinkt Apfelsaft.
   Wir trinken Apfelsaft

   Ich esse Schokolade.
   Du ißt Schokolade.
   Er/Sie/Es ißt Schokolade.
   Wir essen Schokolade.

2. **Komm! Bring** das Brot! **Mal(e)** eine Rose!

3. Der Kaffee schmeckt gut; der Kuchen schmeckt auch gut.
   Ich bringe **den** Kaffee und **den** Kuchen.

   Der Tiger ist schön. Ich male **den** Tiger.

4. Ich möchte **nicht** trinken, ich möchte essen.
   Yutta bringt das Brot **nicht.**

KOMM, WIR SPIELEN!

Wo sind sie denn?

L	Ö	W	E	Z	H	Y	T	H	G	L	E
A	H	Y	L	P	I	N	G	U	I	N	P
M	C	D	E	L	P	H	I	N	R	O	U
A	E	L	F	I	N	M	N	D	A	Z	H
L	C	K	A	T	Z	E	D	I	F	E	Z
V	E	E	N	O	I	I	H	A	F	F	E
O	Q	W	T	I	G	E	R	M	E	K	B
G	A	N	E	R	E	S	T	H	I	Z	R
E	K	R	O	K	O	D	I	L	B	R	A
L	G	Y	J	S	C	H	L	A	N	G	E

Welche Familie?

A. rot
B. Musik
C. rund
D. süß (mit Zucker)

Was lesen wir im Spiegel?

Suche, was er will!

A	· —	N	— ·
B	— · · ·	Ö	— — —
C	— · — ·	P	· — — ·
CH	— — — —	Q	— — · —
D	— — ·	R	· — ·
E	·	S	· · ·
F	· · — ·	T	—
G	— — ·	U	· · —
H	· · · ·	V	· · · —
I	· ·	W	· — —
J	· — — —	X	— · · —
K	— · —	Y	— · — —
L	· — · ·	Z	— — · ·
M	— —	Punkt	· — · — · —

Wir singen

Quartettspiel Nr. 2.

○ Ich möchte **den Teller.**
die Tasse.
das Messer.

○ Gib mir bitte **den Teller.**
die Tasse.
das Messer.

○ O, vielen Dank!

△ Schön, hier hast du **den Teller.**
die Tasse.
das Messer.

△ Nein, **den Teller** habe ich nicht.
die Tasse
das Messer

△ Ach, schade!

A. der Teller
die Tasse
die Gabel
das Messer

B. die Milch
der Orangensaft
das Mineralwasser
der Apfelsaft

C. die Banane
die Traube
der Apfel
die Kirsche

D. der Fisch
die Apfeltorte
die Knödel
das Omelett

Wo sind die sieben Fehler?

5 MEINE OMA IST SU

TOLL! KURZDIALOGE!

SCHAU MAL HER!

Conys Stift
Peters Füller
Sabines Kamera
Nickis Roboter
Yuttas Fernseher
Elkes Fahrrad
Vatis Uhr
Muttis Handtasche

Ⓐ ○ Ich finde mein Heft nicht... – △ Dein Heft? Es liegt hier!
Ⓑ ○ Wo ist denn Cony? – △ Die ist bei Onkel Paul.
Ⓒ ○ Wie alt bist du? – △ Ich bin 9. Ich bin 9 Jahre alt.
Ⓓ ○ Wohin fährt dein Bruder? – △ Mein Bruder? Der fährt nach Berlin.
Ⓔ ○ Hallo, Tante Elke! Wann kommst du? – △ Ich fahre am Montag weg.
Ⓕ ○ Ich suche mein Tamburin... – △ Da liegt es ja, unter dem Bett!

Wir fahren zu Oma!

BILD UND WORT

NACH HEIDELBERG!

Wolfram : – Ich finde mein Lama nicht!
Frau Berg : – Ach, das liegt wohl bei Leopold.
Herr Berg : – Bei Leopold? Paß auf!
Der Zirkus fährt morgen weg!
Frau Berg : – So? Wohin denn?
Herr Berg : – Nach Heidelberg!
Silke : – Super! Zu Oma und Uwe!
Frau Berg : – Ja, und zu Tante Elfi und Onkel Jan!
Wolfram : – Aber mein Lama ist weg!...
Silke : – Komm, Wolfram, wir suchen das Lama.
Sonnenschein : – Da liegt es ja, unter dem Bett!

Cha-cha-cha mit Oma

Kehrreim : Hallo, Onkel Rudolf,
Hast du Oma nicht gesehn?
Denn mit der Oma
Möcht' ich Cha-cha-cha tanzen gehn.

Die Sonnis gegen die Mondis!

○ Wie heißt Helgas Mutter?
○ Wie alt ist Dieters Onkel?
○ Wo wohnt Helgas Oma?

△ Sie heißt Antje.
△ Er ist 40 Jahre alt.
△ Sie wohnt in Berlin.

Jetzt spielen wir!

Spaß am Üben

1 *Wir sprechen nach*

1. 'suchen – 'finden – 'liegen – 'fahren
2. 'nach – nach 'Kiel – nach 'Kassel – nach Ber'lin – wohin? – paß 'auf!
3. 'Heidelberg – 'wegfahren
4. Der 'Zirkus 'fährt nach °Heidelberg.

2 *Wir lesen und ergänzen*

Bett – findet – weg – bei – Wohin – liegt – nach – suchen – unter

1. Wolfram ... sein Lama nicht.
2. Es ... nicht ... Leopold.
3. Silke und Wolfram ... das Lama.
4. Aber Sonnenschein findet es; es liegt ... dem ... .
5. ... fährt der Zirkus? – Er fährt ... Heidelberg. Er fährt morgen ... .

Die ganze Bande

Da kommt er!
Wer denn?
Na, Opa Fritz
Mit Kater Lakritz!

Da kommt sie!
Wer denn?
Na, Oma Hilde
Mit Katze Tilde!

Da kommen sie!
Wer denn?
Na, die Geschwister
Julande
Mit der Kater-Katze-
Kätzchen Bande!

Bea Bernhard

3 *Nach Rom!*

○ Wohin fährt Tante Emma? △ Sie fährt nach Rom.

○ Wo ist Onkel Otto? △ Er ist bei Oma Luise.

4 *Unter dem Bett, natürlich!*

○ Wo liegt das Lama? △ Das Lama liegt unter dem Bett.

○ Wo liegt der Tiger? △ Der Tiger liegt auf dem Tisch.

der Ball	der Bus	der Tiger	der Apfel	das Lama	das Buch
das Auto	die Flöte	die Katze	die Banane	die Gitarre	die Farben

⑤ Wir zählen

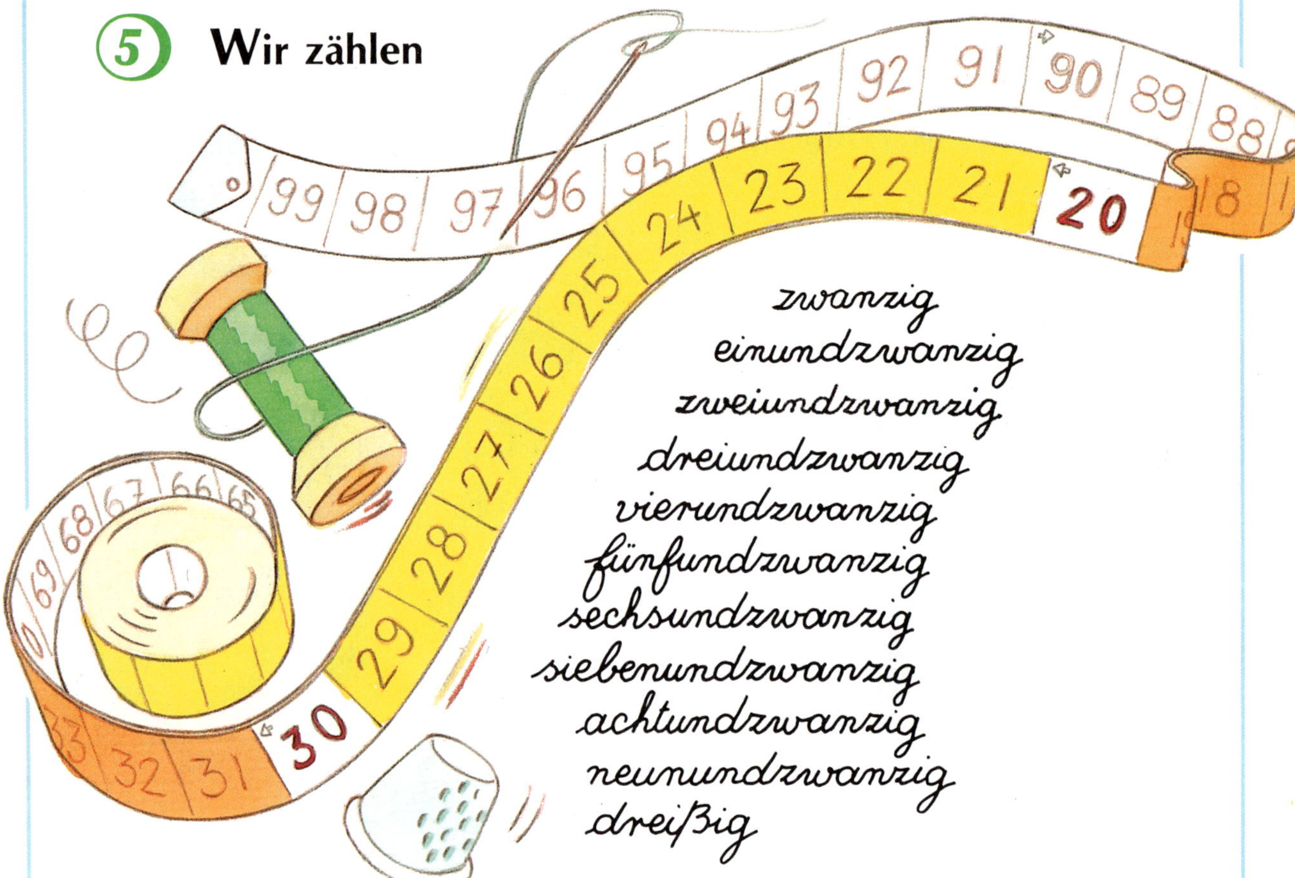

zwanzig
einundzwanzig
zweiundzwanzig
dreiundzwanzig
vierundzwanzig
fünfundzwanzig
sechsundzwanzig
siebenundzwanzig
achtundzwanzig
neunundzwanzig
dreißig

Uwe hat Geburtstag

Die Tür geht auf, es kommen herein : Tante Elfi, Onkel Jan, Kusine Claudia. Claudia hat ein Päckchen in der Hand. Darin ist ein Flugzeug.

Alle : – Hallo Uwe! Viel Glück zum Geburtstag!
Uwe : – Danke. Oh, ist das schön, danke!
Claudia : – Wie alt bist du denn jetzt?
Uwe : – Ich bin dreizehn.
Tante Elfi : – So? Und was willst du denn werden?
Uwe : – Pilot, ich will Pilot werden.
Tante Elfi : – Oh, Pilot! ... Und was sagt Mutti dazu?
Uwe : – Ach Mutti ...
Onkel Jan : – Und was sagt Vati dazu?
Uwe : – Vati ist Dompteur, der hat keine Angst!

paß auf!

1. ○ **Wohin** geht Silke? △ Sie geht **zu** Tante Elfi.
   ○ **Wo** ist Uwe? △ Er ist **bei** Tante Elfi.

2. ○ **Wohin** fährt der Zirkus? △ Er fährt **nach** Heidelberg.
   ○ **Wo** wohnt Oma? △ Sie wohnt **in** Heidelberg.

3. ○ **Wo** liegt das Lama? △ Es liegt **unter dem** Bett.
   ○ **Wo** liegt die Gitarre? △ Sie liegt **auf dem** Bett.

4. ○ Der Zirkus **fährt** morgen **weg. (wegfahren)**

5. ○ Wie heißt **Silkes Mutter?** △ Sie heißt **Karin.**

6 EIN KROKODIL IM

TOLL! KURZDIALOGE!

BAD!

SCHAU MAL HER!

duschen
Das Krokodil duscht.

fernsehen
Jumbo sieht fern.

kochen
Oma kocht.

schlafen
Markus schläft.

die Katze das Kätzchen

○ Wie spät ist es?

△ **Es ist fünf Uhr.**
○ **Schon!**
Ich muß gehen!

1. das Wohnzimmer
2. die Küche
3. das Badezimmer (das Bad)
4. die Toilette (das W.C.)
5. das Schlafzimmer
6. das Kinderzimmer
7. der Korridor
8. das Fenster
9. die Tür
10. der Keller

(A) ○ Wo ist denn Oma? – △ In der Küche. Sie kocht.
(B) ○ Und wo ist Thomas? – △ Im Wohnzimmer. Er spielt Flöte.
(C) ○ Ist Vati da? – △ Psst! Er ist im Schlafzimmer. Er schläft.
(D) ○ Toll! Hier ist es schön! – △ Achtung! Du darfst hier nicht Fußball spielen.
(E) ○ Schau! Dort, ein Krokofant! – △ Wo? Wo denn?
○ Zu spät! Er ist schon weg.
(F) ○ Wohin geht Yutta? – △ Sie geht ins Schlafzimmer.

Schau! Vier Kätzchen

BILD UND WORT

im Schlafzimmer...

WO IST MUSCHI?

Wolfram : – Ist Omas Katze in der Küche?
Uwe : – Nein, Muschi spielt im Wohnzimmer.
Silke (kommt gelaufen) : – O nein, im Schlafzimmer ist sie!
Oma : – Aber Muschi darf nicht ins Schlafzimmer! ...
Silke : – Zu spät, Oma! Schau ...!
Oma : – Was? Heute schon...?
Wolfram : – Oh, ein schönes Kätzchen!
Silke : – Ja, und im Bett sind noch drei! ...

Bei Müllers

Kehrreim : Bei Müllers ist es lustig,
Bei Müllers ist es schön.
Die ganze Arche Noah
Kann man bei Müllers sehn.

In der Küche kocht ein Känguruh,
ein Känguruh, ein Känguruh,
In der Küche kocht ein Känguruh
und das, und das ist schön!

Die Sonnis gegen die Mondis

○ Um wieviel Uhr steht Cony auf? △ Um viertel vor sieben.

Jetzt spielen wir!

Spaß am Üben

1 *Wir sprechen nach*

1. 'Katze – 'Küche – 'spielen
2. 'Zimmer – 'Wohnzimmer – 'Schlafzimmer
3. zu 'spät – ins 'Wohnzimmer – ins 'Schlafzimmer
4. Uwe °darf nicht ins 'Kino.

2 *Wir lesen und ergänzen*

Schau! – Küche – schon – darf – zu spät – spielt

1. Die Katze ... nicht ins Schlafzimmer.
2. Wo ist Oma? – Sie ist in der ... .
3. ... Ein Krokofant ist im Wohnzimmer!
4. Willi ... gern Trompete.
5. Onkel Jan ist schon weg. Du kommst ... .
6. Bist du ... 10 Jahre alt?

Unsere Katz'!

Unsere Katz' hat Junge,
Sieben an der Zahl,
Sechs davon sind Hunde,
Das ist ein Skandal!

③ *Was spielen sie?*

○ Was spielt Andreas? △ Er spielt Akkordeon. Er kann gut Akkordeon spielen.

○ Was spielen Sven und Heike? △ Sie spielen Karten. Sie können gut Karten spielen.

Ball - Tischtennis - Monopoly - Flöte . . .

④ *Fünf Uhr? Schon?*

○ Wie spät ist es? △ Es ist . . .

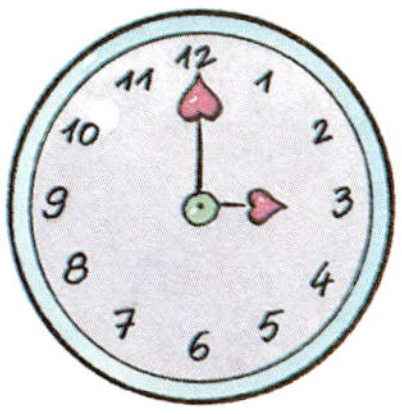

Es ist drei Uhr.
Es ist drei.

Es ist halb acht.

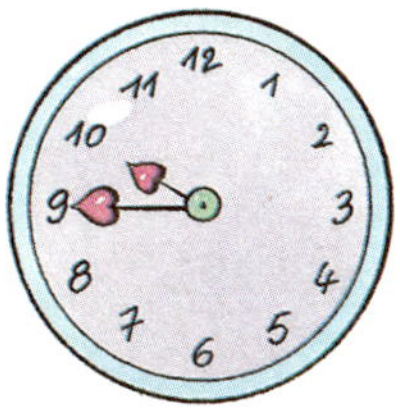

Es ist viertel vor zehn.

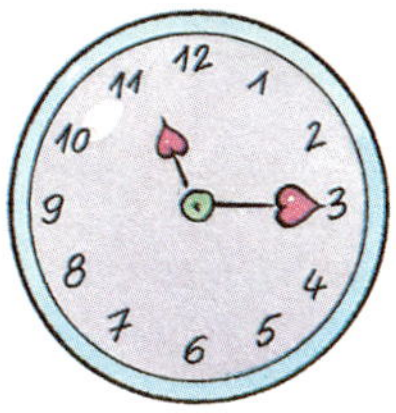

Es ist viertel nach elf.

Ritz-Ratz

Ritz-Ratz, Maus und Katz, Katz und Maus, du bist raus!

5 *Vati? Er ist im Keller.*

○ Wo ist denn Oma? △ Oma? Sie ist in der Küche.
○ Was macht sie denn? △ Sie kocht.

Sonnenscheins Wohnung

Wolfram : – Was ist das für ein Bild, Silke?
Silke : – Das ist die Wohnung von Sonnenschein.
Uwe : – Fein! Die ist rund und gelb wie die Sonne.
Silke : – Und hier, die Küche; die ist klein, denn er kocht nicht viel.
Wolfram : – Hat er auch ein Badezimmer?
Silke : – Nein, er badet im Sonnenlicht.
Uwe : – Nanu, ich sehe kein Schlafzimmer!
Sonnenschein : *(kommt plötzlich)* – Aber bitte! Ein Sonnenschein darf nicht schlafen!

paß auf!

1. Ich **darf** in den Zirkus **gehen.**
Silke **will** zu Oma **fahren.**
Thomas **möchte** im Park **Fußball spielen.**

2.

ich darf	ich will	ich möchte
du darf**st**	du will**st**	du möchte**st**
er darf	er will	er möchte
wir dürf**en**	wir woll**en**	wir möcht**en**

3. Der Tiger ist schön. → Das ist ein schöner Tiger.
Die Giraffe ist schön. → Das ist eine schöne Giraffe.
Das Lama ist schön. → Das ist ein schönes Lama.

KOMM, WIR SPIELEN!

SONNENSCHEINS GÄNSESPIEL

Nummer : 6-40-43-56 → zwei Felder zurück
Nummer : 8-16-20-36-47-51 → drei Felder vor
Nummer : 18-29-33-53-59 → einmal aussetzen
Nummer : 12-25 → wieder von vorn anfangen

WO SIND DIE SIEBEN FEHLER?

FREUDE AM LESEN

Grüße aus dem Urlaub

Liebe Tante Sarah,

Wir sind in Italien! Unser  steht am . Das  steht auch dort. Die  scheint. Der  ist . Uwe spielt  mit Wolfram. Ich möchte  fahren.  träumt, er mag das  und die schönen  in Italien. Mir schmeckt ein , der ist so schön  und . Die  summen. Die  im Garten sind  und sie gefallen mir sehr. Das kleine  am  hat hell-blaue Gardinen. Ich sehe aber auch ein . Das ist nicht schön. "Au"! Wolframs  liegt auf dem .  kommt und sieht das . Es ist kaputt! "Gut"! sagt sie zu Wolfram, jetzt mußt du schreiben. Hole deinen  und dein . Ich habe Durst und Hunger; Mutti bringt mir eine  und 

Sie ist super!

 kommt morgen mit Onkel Jan. Sie bringt die  mit! Toll! Wann kommst du zu mir?

Viele Grüße und Küsse,

Silke

Bilderrätsel

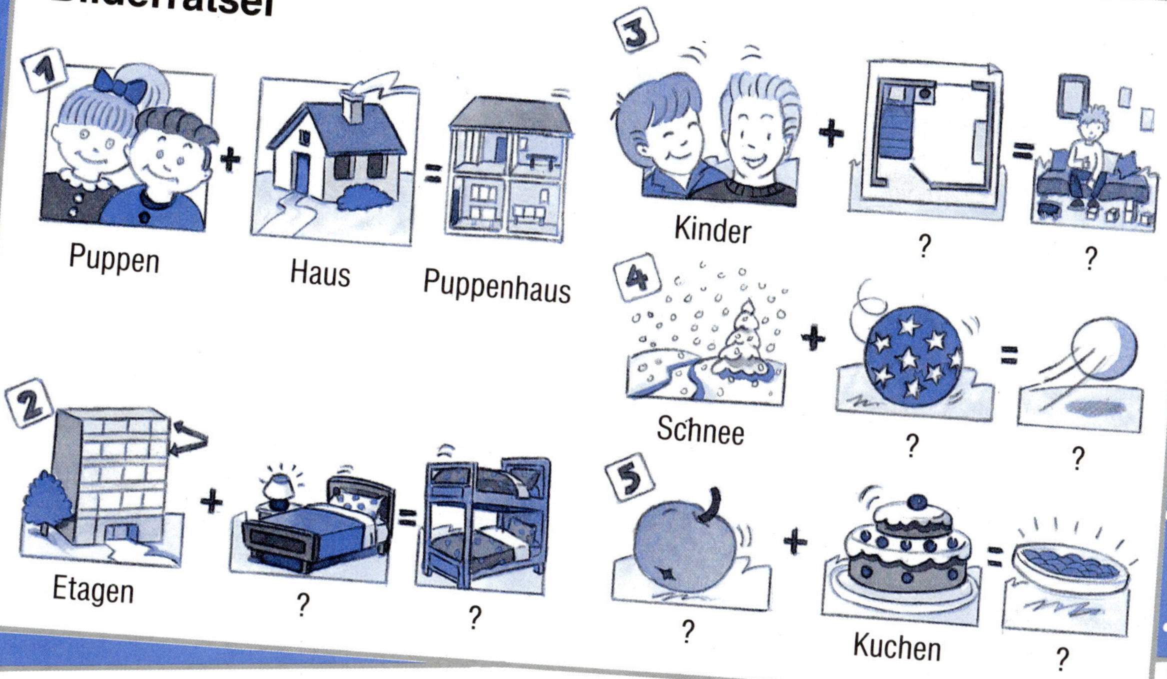

Welche Familie?

A. fahren
B. spielen
C. waschen
D. schreiben

Spiel mit Wörtern

Was muß weg?

Wir singen

Quartettspiel Nr. 3.

○ Kann ich bitte **den Kuchen** haben?
die Suppe
das Brot

△ Aber gern, hier ist **den Kuche.**
die Suppe.
das Brot.

△ Tut mir leid, ich habe **keinen Kuchen.**
keine Suppe.
kein Brot.

○ Prima!... (Super!...) – Danke!

△ Ach, schon wieder kein Glück...

A.	B.	C.	D.
das Brot	der Hund	die Flöte	der Spitzer
der Kuchen	die Katze	die Gitarre	der Füller
die Suppe	das Zebra	die Trompete	das Heft
die Schnitte	der Vogel	das Tamburin	die Tasche

– Wer hat gewonnen? – Bravo! Du hast gewonnen!
– Und wer hat verloren?

Der Vogel, + **1,** von 1 bis 20
Die Maus, + **2,** von 2 bis 24
Der Tiger, + **5,** von 5 bis 75
Das Zebra, + **10,** von 10 bis 100
Der Affe, + **3,** von 21 bis 51
Das Känguruh, + **7,** von 20 bis 77

Der Panda-Bär, + **2,** von 39 bis 61
Der Löwe, + **6,** von 54 bis 96
Die Gazelle, + **8,** von 66 bis 96
Die Giraffe, + **4,** von 76 bis 96
Der Hund, + **9,** von 72 bis 99
Die Katze, + **1,** von 90 bis 100

Weihnachtszeit

GEDICHT 1

Advent, Advent,
Die erste Kerze brennt.
O freut euch, ihr Kinder,
Freuet euch sehr!

Advent, Advent,
Die zweite Kerze brennt.
O lachet, ihr Kinder,
Freuet euch sehr!

Advent, Advent,
Die dritte Kerze brennt.
Es leuchten die Augen,
Freuet euch sehr!

Advent, Advent,
Die vierte Kerze brennt.
O singet, ihr Kinder,
Christkind ist da!

Bea Bernhard

GEDICHT 2

Advent, Advent
Ein Lichtlein brennt
Erst 1, dann 2, dann 3, dann 4
Dann steht das Christkind vor der Tür!

WIR BASTELN

So geht es :

Ein Apfel ist der Bauch.
Eine Nuß ist der Kopf.
Der Bart ist aus Watte,
Augen, Nase und Mund malen wir.
Die Mütze kleben wir aus Stoff.
Fertig ist der Nikolaus.

REIM

Das Haus vom Nikolaus

Das ist das Haus
vom Nikolaus,
wer das nicht kann,
kriegt keinen Mann!

LIED

Kling, Glöckchen!

Kling, Glöckchen, klingelingeling!
Kling, Glöckchen, kling!
Laßt mich ein, ihr Kinder,
ist so kalt der Winter,
öffnet mir die Türen,
laßt mich nicht erfrieren!
Kling, Glöckchen, klingelingeling!
Kling, Glöckchen kling!

SPIEL

Was wünscht uns der Weihnachtsmann?

SKETCH 1 Der Weihnachtsmann am Telefon! (Sketch in zwei Teilen)

Onkel Rudolf : – 5 6 3 6 7 6 6 0 9
Mutter : – Berg.
O. R. : – Hier ist Rudolf. Tag Karin!
Mutter : – Tag, Rudolf! Was gibt's?
O. R. : – Kann ich Wolfram sprechen?
Mutter : – Wolfram? Warum denn?
O. R. : – Du weißt ja ... bald ist Weihnachten...
Mutter : – Ach ja... Moment Rudolf.
O. R. – Danke, Karin. Also, Tschüs!
Mutter : – Wolfram, Telefon. WOLFRAM, TE–LE–FON!
Wolfram : – Wer ist dran?
Mutter : – Ich weiß nicht... Der Weihnachtsmann?
Wolfram: – Hallo! Hier Wolfram. Wolfram Berg.
O. R. : – Tag, Wolfram. Hier ist der Weihnachtsmann.
Wolfram : – Oh!
O. R. : – Sag mal, was möchtest du zu Weihnachten?
Wolfram : – Oh!.. Na, ein Fahrrad, ... nein, ein Motorrad!
O. R. : – Warst du auch immer brav?
Wolfram : – Ich... ich glaube ja...
O. R. : – Na gut, bis bald. *(Er hängt ein)*
Wolfram : – Ach Mutti, das war doch Onkel Rudolf!

FREUDE AM LESEN

Weihnachten bei Oma

Es ist so weit. Der Tannenbaum steht in Omas Wohnzimmer.
Silke bringt die bunten Kugeln : blaue, grüne, rote
und gelbe. Wolfram gibt ihr das Lametta und Uwe setzt
den großen Stern auf die Spitze.
Fertig ist der Tannenbaum!
„Kommt jetzt der Weihnachtsmann?“ fragt Wolfram.
„Dürfen wir nun die Geschenke sehen?“ fragt Uwe.
„Zuerst müßt ihr schön singen, Kinder“ sagt Oma.
„Kennt ihr denn einige Weihnachtslieder?“
„Wir schon, aber Sonnenschein nicht!“ antwortet Uwe.
„Wo ist er denn?“ fragt Mutti.
„Da kommt er,“ ruft Silke, „er bringt uns eine kleine
Sonne für den Tannenbaum.“

SKETCH 2

Am Weihnachtsabend

Unter dem Tannenbaum liegen viele Geschenke. Die Kinder packen sie aus, Vater und Mutter schauen zu.

(Silke hat eine schöne Puppe)

Silke : – Oh, ist die schön! Sie kann sogar gehen!

(Uwe hat ein Modellflugzeug in der Hand)

Uwe – Super! Genau das habe ich mir gewünscht!

Mutti : – Aber Wolfram, du sagst ja nichts!

(Wolfram sitzt auf dem Boden. Er hat seine Pakete nicht aufgemacht)

Wolfram – Mmh...

Mutti : – Was ist? Mach doch deine Geschenke auf!

Wolfram : – Die sind alle so klein!

Mutti : – So klein?

Wolfram : *(Er weint fast)*
– Ich hab' mir doch ein Fahrrad gewünscht!

Vater : – Es klingelt, habt ihr gehört?

Mutti : – Wer kommt denn da?

Die Kinder : – Der Weihnachtsmann? ! ?

Mutti : – Hat er etwas vergessen?

Vati : *(Er geht raus und kommt mit einem sehr großen Paket zurück)*
– Ja, für Wolfram!

Wolfram : – Hej, das Fahrrad! Jetzt kann ich jeden Tag zu Oma fahren!

LIED

O Tannenbaum

O Tannenbaum, O Tannenbaum,
wie treu sind deine Blätter!
Du grünst nicht nur zur Sommerzeit,
nein, auch im Winter, wenn es schneit.
O Tannenbaum, O Tannenbaum,
wie treu sind deine Blätter!

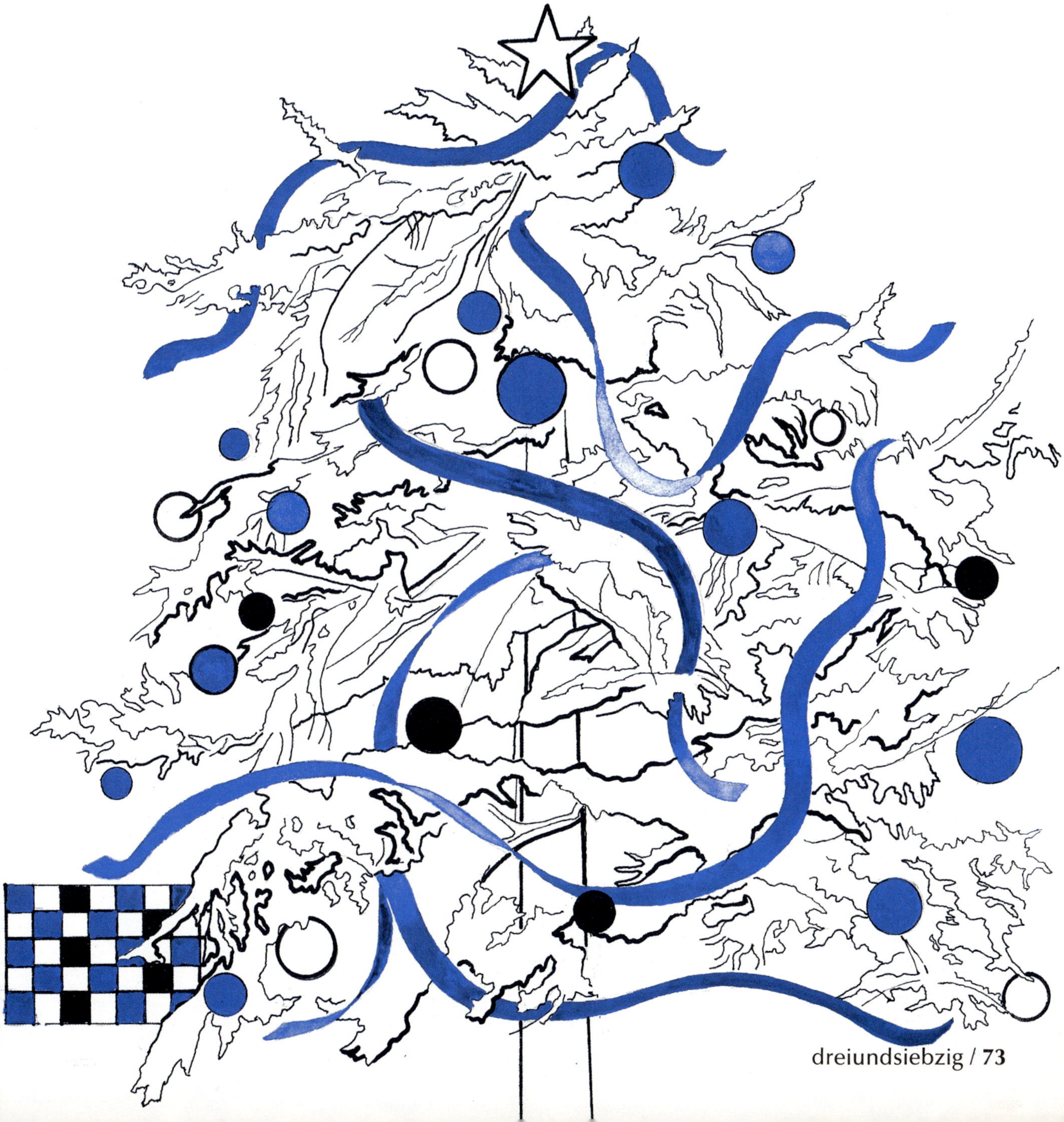

SPIEL

Wer bekommt was?

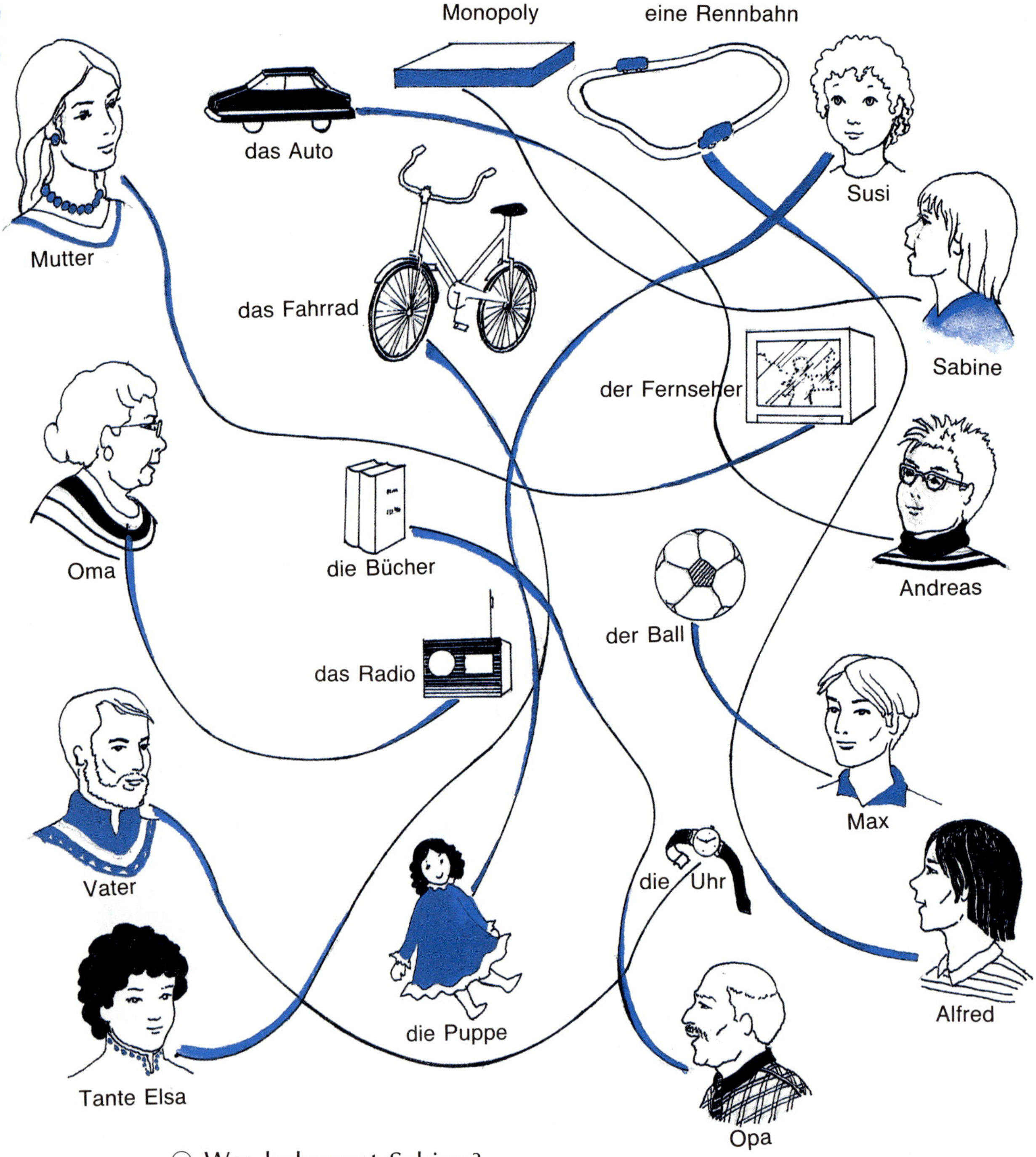

○ Was bekommt Sabine?
△ Sabine bekommt ein Monopoly-Spiel.

○ Wer bekommt die Uhr?
△ Vater bekommt die Uhr.

○ Was bekommst du?
△ Ich bekomme . . . .

Ostern

SKETCH

Kommt der Osterhase?

Mutti liest die Zeitung. Wolfram kommt schnell herein.

Wolfram : – Mutti, ist bald Ostern?
Mutti : – Ja, in zwei Tagen.
Wolfram : – Wird dann der Osterhase kommen?
Mutti : – Ja, natürlich! Er muß doch die Eier bringen.
Wolfram : – Kommt er auch in den Zirkus?
Mutti : – Du stellst aber Fragen! Klar!
Wolfram : (Er ist sehr unruhig) – Das darf er nicht!
Mutti : (Sie ist erstaunt) – Warum denn?
Wolfram : – Wegen Vati ...
Mutti : – Wegen Vati?
Wolfram : – Er sagt doch immer ...
Mutti : – Was denn?
Wolfram : – Leopold hat Hasen zum Fressen gern!

LIED

Ostern

Der liebe, gute Osterhas',
der spielt mit uns Verstecken.
Er legt etwas ins grüne Gras;
da kriegt es bunte Flecken.

LIED

Der Osterhase

Ein großes Ei, darauf ein kleines,
Links ein Ohr, rechts ein Ohr,
Zwei runde Augen, eine Nase :
Fertig ist der Osterhase.

REIM

Ich schenke dir
ein Osterei,
wenn es zerbricht,
so hast du zwei.

GEDICHT

Der erste Ostertag

Fünf Hasen, die saßen
Beisammen dicht,
Es machte ein jeder
Ein traurig Gesicht.
Sie jammern und weinen :
Die Sonn' will nicht scheinen!
Bei so vielem Regen,
Wie kann man da legen
Den Kindern das Ei?
O weih! O weih!
Da sagte der König
So schweigt doch ein wenig!
Laßt Weinen und Sorgen,
Wir legen sie morgen!

Heinrich Hoffmann

Die Ostereier

Es war einmal eine Hasenmutter, die hatte drei Hasenkinder : Meckel, Mickel und Muckel.
An einem schönen Samstag vor Ostern ruft sie ihre Kinder zusammen : „Kommt, ihr Kinder, es ist Zeit, wir müssen die Eier färben!“
Meckel ruft : „Ich hole die Farben, Mutti!“ Mickel läuft schnell weg und kommt mit Pinsel und Wasser zurück.
Nur Muckel bleibt im Gras sitzen, ganz still. „Ja, und du, Muckel, willst du denn nichts tun heute?“, fragt die Hasenmutter. „Weißt du, morgen ist Ostern! Lauf und bring uns schnell die Eier!“.
– Welche denn Mutti?
– Na, die, die ich bei den Vögeln bestellt habe.
Aber Muckel kann keine Eier finden. Alle Vogelmütter sitzen auf ihren Nestern und keine will ein Ei geben. Ganz traurig geht Muckel nach Hause zurück. Doch, was liegt denn da im Gras? Ach, das ist doch... Ja, Schokolade ist es!
Die warme Sonne hat sie schon ganz weich gemacht. Muckel nimmt die Schokolade, und als er an die Eier denkt, da wird sogleich ein Ei daraus, und noch eins, und noch mehr.
Und die schmecken so gut!
Seit dieser Zeit bringt der Osterhase den braven Kindern – Schokoladeneier!

WÜRFELSPIEL

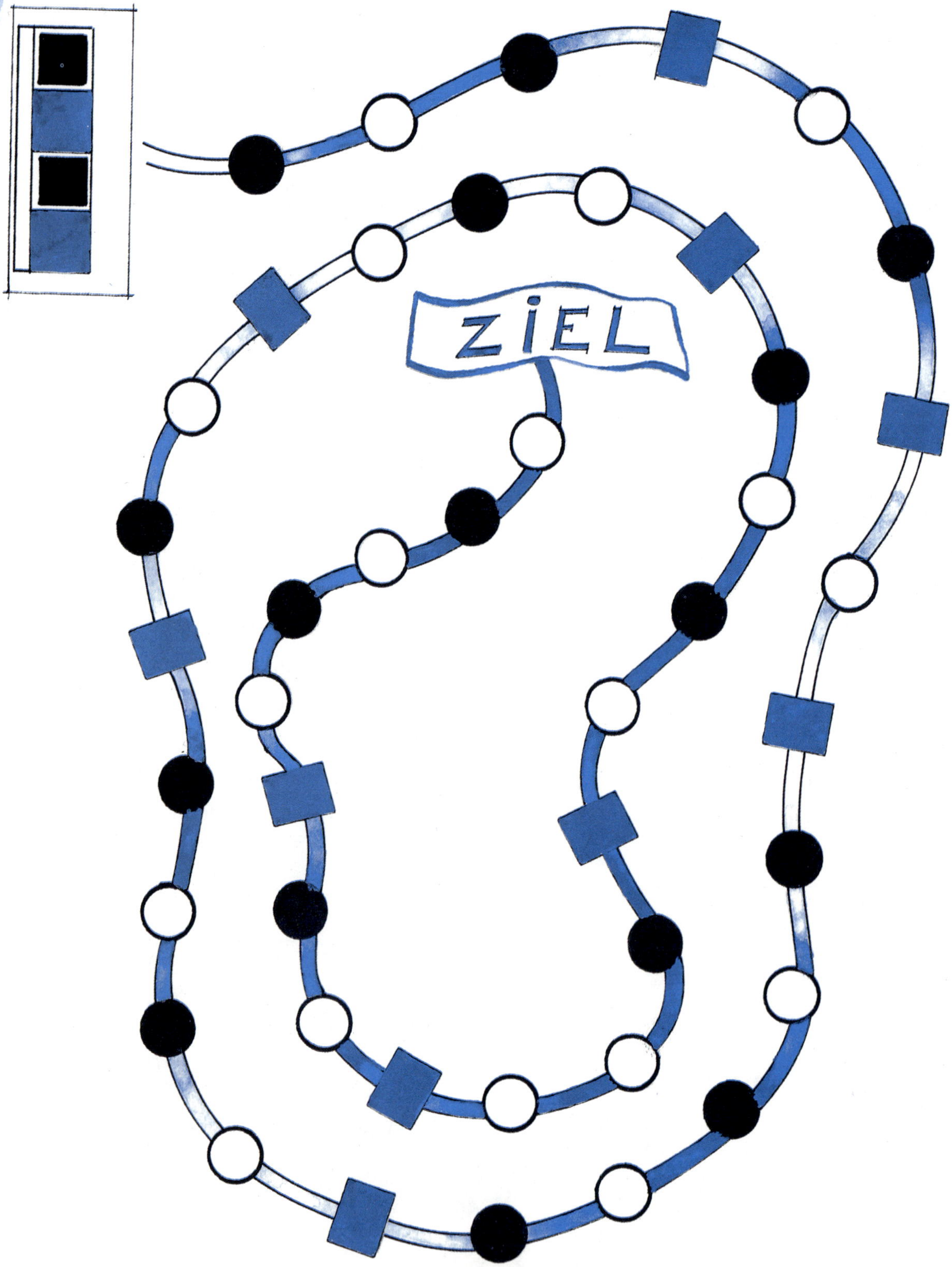

Reime und Gedichte

Ich bin Peter, du bist Paul

Ich bin Peter, du bist Paul.
Ich bin fleißig, du bist faul.
Eins, zwei, drei,
du bist frei.

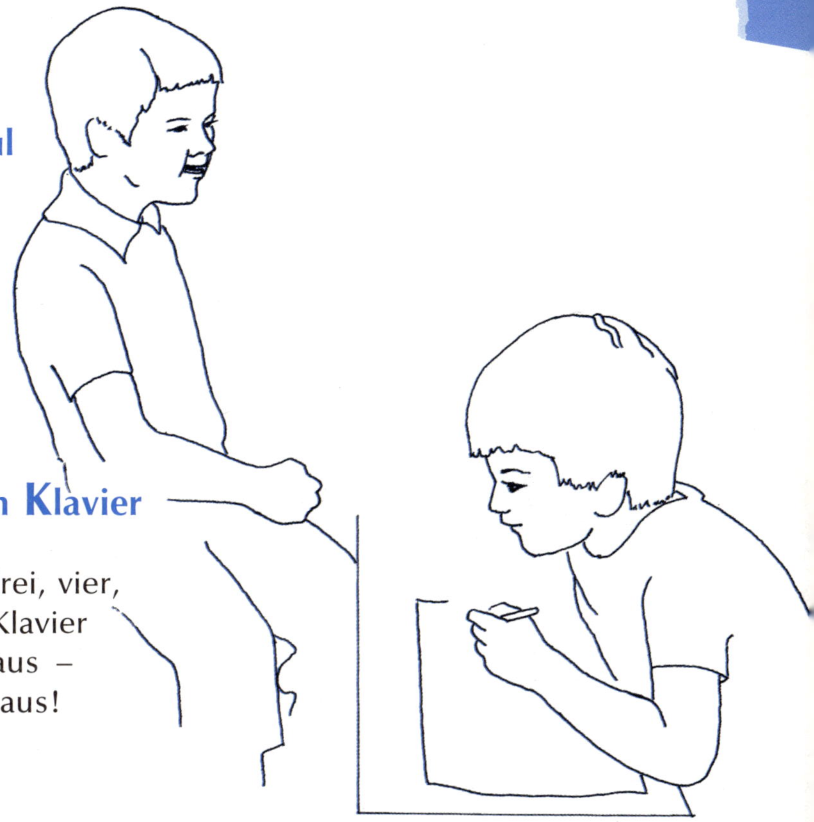

Hinter dem Klavier

Eins, zwei, drei, vier,
hinter dem Klavier
sitzt eine Maus –
und du bist aus!

Das Brötchen

Das arme Brötchen
liegt auf dem Tisch,
spricht kein Wörtchen
mit dem stummen Fisch!

Bea Bernhard

Wer mag die Tomate

Wer mag die Tomate
Agathe, Agathe!
Ist rot und so rund,
ist gut und gesund.

Wer mag Petersilie?
Ottilie, Ottilie!
So schneide sie fein
ins Süppchen hinein.

Wer mag die Karotte?
Charlotte, Charlotte!
So zieh sie heraus
und trag sie ins Haus.

Es regnet, es regnet

Es regnet, es regnet,
es regnet seinen Lauf,
und wenn's genug geregnet hat,
dann hört es wieder auf.

Ein Regenbogen

Ein Regenbogen,
komm und schau :
rot und orange,
gelb, grün und blau.

So herrliche Farben
kann keiner bezahlen,
sie über den halben
Himmel zu malen.

Ihn malte die Sonne
mit goldener Hand
auf eine wandernde
Regenwand.

Josef Guggenmos

Die vier Jahreszeiten

Es war eine Mutter,
Die hatte vier Kinder,
Den Frühling, den Sommer,
Den Herbst und den Winter.
Der Frühling bringt Blumen,
Der Sommer den Klee,
Der Herbst bringt die Trauben,
Der Winter den Schnee.

Guten Morgen

Guten Morgen, Herr Montag!
Schönen Gruß von Herrn Dienstag!
Herr Mittwoch läßt fragen,
ob Herr Donnerstag schon weiß,
daß Herr Freitag
mit der Frau Samstag
am Sonntag verreist.

Aus Wilhelm Reichart

Freude am Zählen

Eins - zwei - drei
alt ist nicht neu
sauer ist nicht süß
Händ' sind keine Füß'
Füß' sind keine Händ'
das Lied hat ein End.

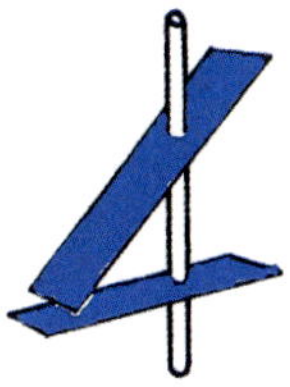

Eins - zwei - drei - vier - fünf - sechs - sieben
wo ist denn mein Schatz geblieben?
Ist nicht hier
ist nicht da
ist wohl in Amerika.

Eins - zwei - drei - vier - fünf - sechs - sieben
in der Schule wird geschrieben
in der Schule wird gelacht
bis die ganze Schule kracht.

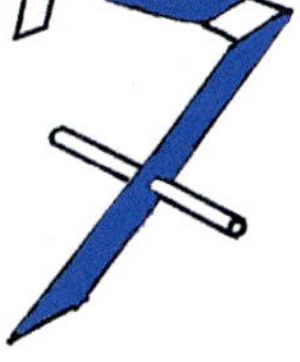

LXIQUE

Attention ! Un lexique n'est pas un dictionnaire.
Les traductions ne sont valables ici que dans un contexte précis : S. = Seite.
*Les mots **en gras** font partie du vocabulaire actif du niveau 1 du livre de l'élève.*

ist der Affe, er ißt gern Schokokuchen.

der Abend (e)	***le soir***	**S. 37**
aber	***mais***	**S. 29**
der Abzählreim (e)	*la comptine*	S. 9
ach!	***ah! pas possible!***	**S. 37**
Achtung	*attention*	S. 49
der Affe (n)	*le singe*	S. 11
alles	*tout*	S. 32
alt	***âgé de, vieux***	**S. 47**
also	***donc***	**S. 9**
am	*le (date)*	S. 37
an/fangen (er fängt an)	*commencer*	S. 22
die Angst (¨e)	*la peur*	S. 52
das Apfelmus	*la compote de pommes*	S. 39
der Apfelsaft (¨e)	***le jus de pommes***	**S. 37**
der Apfelstrudel (-)	*le chausson aux pommes*	S. 38
die Arche Noah	*l'arche de Noé*	S. 57
auch	***aussi***	**S. 15**
auf	*sur*	S. 51
auf/passen	***faire attention***	**S. 49**
auf/stehen (er steht auf)	*se lever*	S. 57
auf Wiedersehen	***au revoir***	**S. 61**
das Auge (n)	*l'œil*	S. 29
aus	*de, hors de*	S. 11
aus/setzen	*passer un tour (jeu)*	S. 62
das Auto (s)	*la voiture*	S. 15

ist die Banane, gelb wie Sonnenschein.

der Bach (¨e)	*le ruisseau*	S. 30
das Bad (¨er)	***le bain***	**S. 55**
baden	*se baigner*	S. 60
das Badezimmer (-)	*la salle de bains*	S. 55
der Ball (¨e)	*la balle*	S. 59
die Banane (n)	***la banane***	**S. 27**
die Bande (n)	*la bande*	S. 50
bauen	*construire*	S. 9
bei	***chez*** *(position)*	**S. 47**
das Beispiel (e)	*l'exemple*	S. 11
der Berg (e)	*la montagne*	S. 12
das Bett (en)	***le lit***	**S. 49**
die Biene (n)	*l'abeille*	S. 30
bilden	*former*	S. 11
Bist du es?	*Est-ce toi?*	S. 53
Bitte!	***S'il vous plaît!***	**S. 37**
blau	***bleu***	**S. 27**
das Blut	*le sang*	S. 32
der Braten (-)	*le rôti*	S. 40
brauchen	***avoir besoin de***	**S. 29**
braun	***brun***	**S. 27**
bringen	***apporter***	**S. 37**
das Brot (e)	***le pain***	**S. 37**
der Bruder (¨er)	***le frère***	**S. 47**
das Buch (¨er)	*le livre*	S. 31
bunt	***multicolore***	**S. 27**

ist der Clown, sein Name ist Willi.

der Clown	*le clown*	S. 15
die Cola (s)	***le coca***	**S. 15**

ist der Dompteur, er hat keine Angst.

da	***ici, là***	**S. 17**
das Dach (¨er)	*le toit*	S. 30
Da kommt...	*Voilà qu'arrive...*	S. 17
danke	***merci***	**S. 37**
dann	***ensuite***	**S. 32**
darum	***voilà pourquoi***	**S. 9**
das ist	*c'est*	S. 9
davon	*de celà, en*	S. 58
dazu	*à celà*	S. 52
denn	*car*	S. 20
dein (e)	***ton, ta***	**S. 47**
der Dialog (e)	*le dialogue*	S. 10
Dienstag	***mardi***	**S. 37**
doch	*donc*	S. 32
der Dompteur	*le dompteur*	S. 7
Donnerstag	***jeudi***	**S. 37**
dort	***là-bas***	**S. 15**
du	***tu***	**S. 9**
dunkel	***foncé, sombre***	**S. 27**
dürfen (er darf)	*avoir le droit*	S. 55
der Durst	***la soif***	**S. 35**
duschen	***(se) doucher***	**S. 55**

ist der Elefant, er spielt Tamburin.

das Ei (er)	*l'œuf*	S. 9
einmal	*une fois*	S. 62
die Eltern	*les parents*	S. 47
endlich	*enfin*	S. 53
er	*il*	S. 5
erst	*seulement*	S. 32
erzählen	*raconter*	S. 11
es	***il, elle***	**S. 47**
das Essen	*le repas*	S. 40
essen (er ißt)	***manger***	**S. 37**

ist der Fisch, ich mag ihn nicht.

Fahr mit!	*Viens avec nous!*	
die Familie (n)	*la famille*	S. 7
die Farbe (n)	*la couleur*	S. 27
der Farbstift (e)	*le crayon de couleur*	S. 27
fehlen	*manquer*	S. 25
fein	*bon, fin*	S. 40
das Feld (er)	*la case, le champ*	S. 62
das Fenster (-)	*la fenêtre*	S. 30
fernsehen (er sieht fern)	*regarder la télévision*	S. 55
finden (er findet)	*trouver*	S. 29
der Fisch (e)	*le poisson*	S. 39
die Flöte (n)	*la flûte*	S. 55
fragen	*demander*	S. 27
die Frau (en)	***la femme, Madame***	**S. 7**
Freitag	***vendredi***	**S. 37**
frisch	*frais*	S. 38
für	***pour***	**S. 11**
der Fußball	*le football*	S. 55

ist die Giraffe, sie ist die Größte.

die Gabel (n)	***la fourchette***	**S. 35**
das Gänsespiel (e)	*le jeu de l'oie*	S. 62
ganz	*(en) entier*	S. 50
die Gardine (n)	*le rideau*	S. 30
der Garten (¨)	*le jardin*	S. 30
geben (er gibt)	***donner***	**S. 38**
der Geburtstag	*l'anniversaire*	S. 52
gefallen (es gefällt)	*plaire*	S. 30
gehen	***marcher***	**S. 9**
gemeinsam	*(en) commun*	S. 65
geraten	*deviné*	S. 53
gern	***volontiers, avec plaisir***	**S. 40**
die Geschwister	*les frères et les sœurs*	S. 50
gestern	***hier***	**S. 35**
gewonnen	*gagné*	S. 24
das Glas (¨er)	***le verre***	**S. 35**
die Giraffe (n)	*la girafe*	S. 11
das Glück (e)	*la chance, le bonheur*	S. 52
grau	*gris*	S. 27
groß	*grand*	S. 47
gut	*bon*	S. 19

ist der Hase, zu Ostern bringt er bunte Eier.

haben (er hat)	***avoir***	**S. 15**
hallo!	***bonjour, hé, allo!***	**S. 7**
die Handtasche	*le sac à main*	S. 47
das Haus (¨er)	***la maison***	**S. 9**
heißen	***s'appeler***	**S. 7**
hell	***clair***	**S. 27**
der Herr (en)	***(le) monsieur***	**S. 7**
heute	***aujourd'hui***	**S. 17**
die Hexe (n)	*la sorcière*	S. 19
hier	***ici***	**S. 15**
hinten	*derrière*	S. 62
das Hochhaus (¨er)	***l'immeuble***	**S. 15**
hören	*entendre*	S. 4
der Hund (e)	*le chien*	S. 58
der Hunger	***la faim***	**S. 35**

ich bin	***je suis***	**S. 7**
im	*dans le, au, en*	S. 15
in	***dans, à***	**S. 15**
ist	***est, égal***	**S. 11**

ist Onkel Jan, er spielt gern Akkordeon.

ja	***oui***	**S. 7**
das Jahr (e)	***l'année***	**S. 47**
jeder	***chacun***	**S. 29**
jetzt	***maintenant***	**S. 52**
der Junge	***le garçon***	**S. 7**

ist das Krokodil, es weint und sitzt am Nil.

der Kakao (s)	*le cacao*	S. 37
die Kamera (s)	*l'appareil de photo*	S. 47
das Känguruh (s)	*le kangourou*	S. 57
die Karte (n)	*la carte*	S. 59
der Kater (-)	*le chat, le matou*	S. 50
das Kätzchen	*le chaton*	S. 50
die Katze (n)	***la chatte, le chat***	**S. 50**
kein (e)	***pas de, pas un(e)***	**S. 12**
der Keller (-)	***la cave***	**S. 55**
das Kind (er)	***l'enfant***	**S. 7**
das Kinderzimmer (-)	*la chambre d'enfant*	S. 55
die Kirsche (n)	***la cerise***	**S. 27**
die Klarinette (n)	*la clarinette*	S. 29
der Klee	*le trèfle*	S. 32
klein	***petit***	**S. 17**
kochen	***cuire***	**S. 9**
kommen	***arriver***	**S. 17**
können (er kann)	***pouvoir, savoir***	**S. 59**
der Korridor (e)	*le couloir*	S. 55
der Knödel (-)	*la boulette*	S. 40
das Krokodil (e)	*le crocodile*	S. 15
die Küche (n)	***la cuisine***	**S. 55**
der Kuchen (-)	***le gâteau***	**S. 35**
die Kusine (n)	*la cousine*	S. 47

ist der Löwe, er heißt Leopold.

das Lama (s)	*le lama*	S. 49
das Land (¨er)	*le pays*	S. 11
laufen (er läuft)	*courir*	S. 57
die Lehrerin (nen)	***l'institutrice***	**S. 12**
lesen (er liest)	***lire***	**S. 12**
das Lied (er)	*la chanson*	S. 17
liegen	***être couché, être posé***	**S. 47**
lila	*couleur lilas*	S. 27
die Limo	***la limonade***	**S. 35**
links	***à gauche***	**S. 25**
der Löffel (-)	***la cuillère***	**S. 35**

das Lotto (s)	*le loto*	S. 22
der Löwe (n)	*le lion*	S. 11
lustig	***drôle, gai***	**S. 57**

ist die Maus, sie wohnt bei uns im Haus.

das Mädchen (-)	***la fillette***	**S. 7**
malen	***dessiner***	**S. 27**
der Malkasten (¨)	***la boîte de peinture***	**S. 27**
die Marmelade (n)	*la confiture*	S. 38
die Maus (¨e)	*la souris*	S. 59
das Meer (e)	***la mer***	**S. 27**
mein (e)	***mon, ma***	**S. 47**
das Menü (s)	*le menu*	S. 39
das Messer (-)	***le couteau***	**S. 35**
die Milch	***le lait***	**S. 44**
mir	***à moi***	**S. 38**
mit	***avec***	**S. 37**
Mittwoch	***mercredi***	**S. 37**
mögen (ich möchte)	***désirer, avoir envie de***	**S. 35**
der Mond (e)	*la lune*	S. 51
Montag	***lundi***	**S. 37**
morgen	***demain***	**S. 17**
das Motorrad (¨er)	*la moto*	S. 49
der Mund (¨er)	*la bouche*	S. 51
müssen (er muß)	***devoir***	**S. 64**
die Mutter (¨)	***la mère***	**S. 9**

ist Willis Nase, rot wie die Tomate.

nach	***après***	**S. 47**
nach/sprechen	*répéter*	S. 18
die Nacht (¨e)	***la nuit***	**S. 19**
Na schön!	*Eh bien!*	S. 13
die Nase (n)	*le nez*	S. 51
natürlich	***naturellement***	**S. 15**
nein	***non***	**S. 7**

nett	*gentil*	S. 29
nicht	***ne... pas***	**S. 35**
nichts	*rien*	S. 20

ist die Oma, sie fährt so gern Motorrad.

oder	***ou***	**S. 33**
ohne	*sans*	S. 20
die Oma (s)	***la grand-mère***	**S. 20**
das Omelett (s)	*l'omelette*	S. 39
der Onkel (-)	***l'oncle***	**S. 47**
der Opa (s)	***le grand-père***	**S. 47**
der Orangensaft	***le jus d'orange***	**S. 35**

ist der Pinguin, schwarz und weiß ist sein Kleid.

ein paar	*quelques (uns)*	S. 40
der Pilot (en)	*le pilote*	S. 52
der Pinsel (-)	***le pinceau***	**S. 27**
der Pinguin (e)	*le pingouin*	S. 15
die Polizei	*la police*	S. 19
die Pommes	***les frites***	**S. 37**
der Pudding (s)	*le pudding*	S. 37

ist das Quintett, für Oma spielt es Cha-Cha-Cha.

das Quartettspiel	*le jeu des quatre familles*	S. 24
das Quintett (e)	*le quintette*	

ist die Rose, sie ist für Mutti.

raten (er rät)	*deviner*	S. 53
raus!	*sors! sortez!*	S. 9
rechts	***à droite***	**S. 25**
die Reise	*le voyage*	S. 95
der Roboter (-)	*le robot*	S. 47
rosarot	*rose*	S. 27
die Rose (n)	***la rose***	**S. 27**
rot	***rouge***	**S. 27**
rund	*rond*	S. 51

ist Sonnenschein, seine Freudin heißt Silke.

der Saft (¨e)	***le jus***	**S. 35**
die Sahne (n)	*la crème*	S. 39
Samstag	***samedi***	**S. 37**
satt	***rassasié***	**S. 40**
der Satz (¨e)	*la phrase*	S. 11
das Saxo	*le saxophone*	S. 40
schauen	***regarder***	**S. 55**
scheinen	*briller*	S. 10
schick	*chic*	S. 29
der Schinken (-)	*le jambon*	S. 39
der Schirm (e)	*le parapluie*	S. 29
schlafen (er schläft)	***dormir***	**S. 55**
das Schlafzimmer (-)	*la chambre à coucher*	S. 55
die Schlange (n)	*le serpent*	S. 43
schmecken	***être bon***	**S. 34**
der Schnee	*la neige*	S. 32
der Schneeball (¨e)	*la boule de neige*	S. 65
die Schnitte (n)	***la tartine***	**S. 35**
die Schokolade (n)	***le chocolat***	**S. 35**
der Schokokuchen	*le gâteau au chocolat*	S. 40
schon	***déjà***	**S. 55**
schön	***beau***	**S. 30**
die Schule (n)	***l'école***	**S. 27**
schwarz	***noir***	**S. 27**
die Schwester (n)	*la sœur*	S. 47
sehen (er sieht)	*voir*	S. 57
sehr	*très, beaucoup, bien*	S. 30
sein (e)	*le sien*	S. 7

sie	*elle, ils, elles*	S. 5
singen	***chanter***	**S. 18**
der Skandal (e)	*le scandale*	S. 58
so	*ainsi*	S. 32
die Socke (n)	*la chaussette*	S. 29
sogar	*même*	S. 29
die Sonne (n)	***le soleil***	**S. 10**
das Sonnenlicht	*la lumière solaire*	S. 60
Sonntag	***dimanche***	**S. 37**
spät	***tard***	**S. 55**
der Spiegel (-)	*le miroir*	S. 43
das Spiel (e)	***le jeu***	**S. 9**
spielen	*jouer*	S. 7
stehen	*être debout*	S. 64
das Stück (e)	***le morceau***	**S. 35**
suchen	***chercher***	**S. 47**
summen	*bourdonner*	S. 30
Super!	***Formidable!***	**S. 49**
die Suppe (n)	***la soupe***	**S. 35**

ist der Tiger, er träumt von Lamas.

der Tag (e)	*le jour*	S. 10
das Tal (¨er)	*la vallée*	S. 12
das Tamburin (e)	*le tambourin*	S. 47
die Tante (n)	*la tante*	S. 47
tanzen	*danser*	S. 49
die Tasse (n)	*la tasse*	S. 35
Tschüs!	*Salut!*	S. 7
das Telefon (e)	*le téléphone*	S. 12
der Teller (-)	***l'assiette***	**S. 35**
das Tier (e)	***l'animal***	**S. 33**
der Tiger (-)	*le tigre*	S. 17
der Tisch (e)	***la table***	**S. 35**
der Tischtennis	*le ping-pong*	S. 59
die Toilette (n)	*la toilette*	S. 55
toll!	***fantastique!***	**S. 27**
träumen	*rêver*	S. 18
das Trapez (e)	*le trapèze*	S. 40
trinken	***boire***	**S. 35**
die Trompete (n)	*la trompette*	S. 59
die Tür (en)	***la porte***	**S. 55**

ist die Uhr. Wie spät ist es denn?

die Übung (en)	*l'exercice*	S. 10
die Uhr (en)	***la montre***	**S. 55**
Um wieviel Uhr?	***A quelle heure?***	**S. 57**
und	***et***	**S. 7**
unser	***nôtre, le (la) nôtre***	**S. 58**
unter	***sous***	**S. 47**

ist der Vogel, er sitzt an meinem Fenster.

die Vanillecreme (n)	*la crème à la vanille*	S. 39
der Vater (¨)	*le père*	S. 7
verloren	***perdu***	**S. 24**
der Vetter (-)	*le cousin*	S. 47
verstehen	*comprendre*	
viel	*beaucoup*	S. 52
Viel Glück zum Geburtstag!	*Bon anniversaire!*	S. 52
der Vogel (¨)	*l'oiseau*	S. 66
von	***de***	**S. 60**
vor	***devant, avant***	**S. 57**
vorn	*devant, en tête*	S. 62

ist der Wohnwagen. « Fahr mit! » sagt er zu mir.

wann?	***quand?***	**S. 47**
waschen (er wäscht)	*laver*	S. 61
das Wasser	***l'eau***	**S. 27**
weg/fahren (er fährt weg)	***partir***	**S. 49**
welcher (e, es)?	*quel? quelle?*	S. 32
weiß	***blanc***	**S. 27**
wenig	***peu***	**S. 61**
wer	*qui*	S. 7
werden (er wird)	*devenir*	S. 52
wie?	***comment?***	**S. 7**
Wie alt bist du?	***Quel âge as-tu?***	**S. 47**

wieder	*à nouveau*	S. 62
Wie geht's?	***Comment ça va?***	**S. 61**
wieviel?	***combien?***	**S. 57**
wissen (er weiß)	***savoir***	
wo?	***où?*** *(direction)*	S. 15
die Woche (n)	***la semaine***	**S. 37**
wohin?	***où?***	**S. 47**
wohnen	***habiter***	**S. 35**
die Wohnung (en)	***l'appartement***	**S. 20**
der Wohnwagen (-)	***la caravane***	**S. 15**
das Wohnzimmer (-)	*le salon*	S. 55
wollen (er will)	***vouloir***	**S. 37**
Wunderbar!	*Merveilleux!*	S. 29
wünschen	***désirer***	**S. 38**
der Würfel	*le dé*	S. 77

ist das Xylophon, im Orchester eine Attraktion.

das Xylophon (e)	*le xylophone*

ist Yokohama; fährst du mit dorthin?

ist der Zirkus, heute hier und morgen dort.

zählen	*compter*	S. 20
das Zimmer (-)	*la chambre*	S. 57
der Zirkus (se)	***le cirque***	**S. 9**
zu	***chez, trop***	**S. 49**

TABLE DES MATIÈRES

Eine Reise durch Deutschland

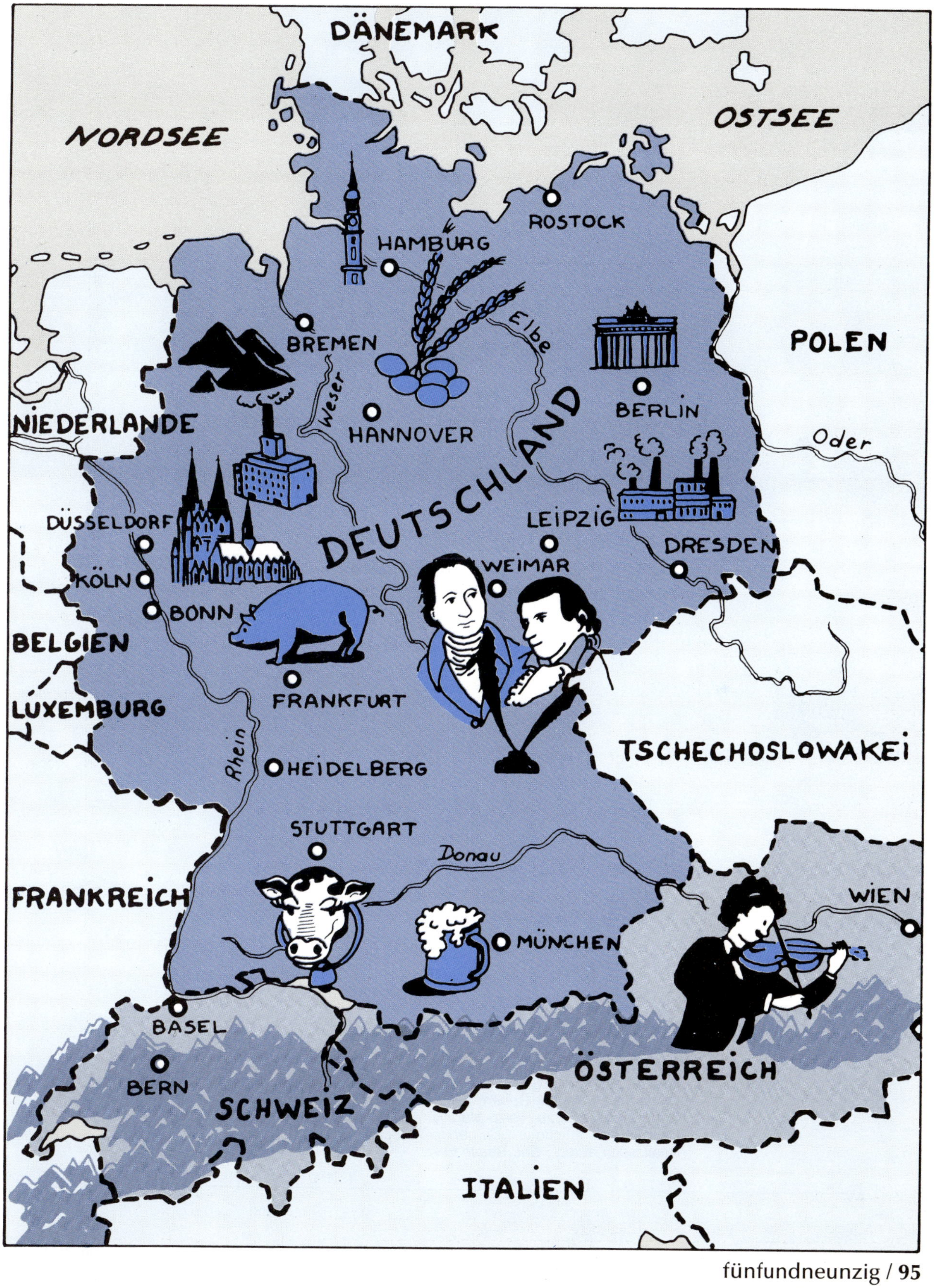

Édition : *Isabelle Mornand, Nadine Lasserre*
Maquette : *Patrick Gobert, Daniel Musch, Cécile Declerck*
Couverture : *Patrick Gobert, Cécile Declerck*
Cartographie : *Jean-Pierre Magnier*
Coordination artistique : *Catherine Tasseau*
Réalisation audio : *Eric Besseau*

N° d'Éditeur : 5218800 I (N. VII 80°) Imprimé en France par Pollina, 85400 Luçon - n° 13349 Dépôt légal : février 1991

PRISE EN COMPTE DE L'INITIATION A L'ALLEMAND AVANT LE CM

Dans les Cours Moyens qui accueillent des élèves ayant déjà profité d'une initiation à l'allemand les années précédentes, il importe de réaliser une jonction harmonieuse avec la méthode FAHR MIT ! (Niveau 1). Celle-ci tiendra compte à la fois des acquis réalisés par les élèves, de la nécessité d'une révision méthodique et souple ainsi que d'une progression sûre et enrichissante.

Les situations varient d'une classe à l'autre. Ainsi, les propositions méthodologiques ci-dessous sont-elles à adapter au profil particulier de la classe et aux acquis antérieurs des élèves.

L'économie générale de la méthode FAHR MIT ! (Niveau 1) et la répartition de la matière sur une année scolaire (soit environ deux Unités et un palier révisionnel par trimestre) seront maintenues. Par contre, l'importance respective des composantes sera inversée, c'est-à-dire que les rubriques du **Parcours minimal** fourniront les supports pour les révisions, toutes les autres rubriques faisant l'objet d'un entraînement et d'un travail approfondis.

Nous conseillons donc une progression sur deux voies parallèles :

1. **Le Parcours minimal** (signalé dans le Manuel de l'élève par les logos de couleur rouge, et dans le Cahier d'activités par les logos en grisé) constituera le support des indispensables révisions. Le rythme de celles-ci dépendra bien-entendu de la solidité et de l'importance des acquis.

2. La part la plus importante de l'horaire accordé à l'enseignement de l'allemand sera consacrée aux activités suivantes :

   a) Réalisation des **Rubriques complémentaires** du Manuel et du Cahier, c.à.d. hors parcours minimal.

   b) Mise en oeuvre plus approfondie des nombreuses suggestions de transfert, d'élargissement et de jeux de rôles proposés dans le FICHIER DU MAITRE.

c) Pratique élargie des nombreux jeux linguistiques avec enrichissement des "Redemittel".

d) Prise en compte et exploitation des supports offerts dans l'Appendice du manuel de l'élève (pages 68 à 81).

e) Exploitation de supports divers et complémentaires que l'enseignant estimera utiles.

La richesse des supports proposés dans le **niveau 1 de FAHR MIT !** (Manuel de l'élève, Cahier d'activités, Fichier du maître, enregistrements, figurines collectives et posters) permettra aisément à nos collègues de valoriser le travail antérieur des élèves, tout en garantissant un épanouissement raisonné de leurs compétences linguistiques.

Les auteurs